重庆理工大学优秀学术著作出版基金资助出版

社区审计对社区治理的影响机理与实施路径研究

石恒贵 著

中国财经出版传媒集团
经济科学出版社
Economic Science Press

图书在版编目（CIP）数据

社区审计对社区治理的影响机理与实施路径研究/石恒贵著 .—北京：经济科学出版社，2018.7
ISBN 978－7－5141－9678－8

Ⅰ.①社… Ⅱ.①石… Ⅲ.①审计－影响－社区管理－研究－中国 Ⅳ.①D669.3

中国版本图书馆 CIP 数据核字（2018）第 195771 号

责任编辑：庞丽佳
责任校对：隗立娜
责任印制：邱　天

社区审计对社区治理的影响机理与实施路径研究
石恒贵　著
经济科学出版社出版、发行　新华书店经销
社址：北京市海淀区阜成路甲 28 号　邮编：100142
总编部电话：010－88191217　发行部电话：010－88191522
网址：www.esp.com.cn
电子邮件：esp@esp.com.cn
天猫网店：经济科学出版社旗舰店
网址：http://jjkxcbs.tmall.com
固安华明印业有限公司印装
710×1000　16 开　12.25 印张　200000 字
2018 年 9 月第 1 版　2018 年 9 月第 1 次印刷
ISBN 978－7－5141－9678－8　定价：39.00 元
(图书出现印装问题，本社负责调换。电话：010－88191510)
(版权所有　侵权必究　举报电话：010－88191586
电子邮箱：dbts@esp.com.cn)

感　　谢

本书是在国家社会科学基金（精准扶贫政策跟踪审计、政策执行效果及提升路径研究，17BZZ025）、重庆市社会科学规划项目（新型城镇化试点下社区审计对社区治理创新研究，2015PY48）、重庆市教委科学技术研究项目（审计全覆盖下城市社区审计对社区治理的影响机理与机制创新研究，KJ1600938）、重庆市教委人文社科基金（重庆社区经济责任审计对社区治理的作用分析与实施路径研究，17SKG145）、重庆市人文社科重点研究基地重庆理工大学财会研究与开发中心科研课题（重庆社区经济责任审计对社区治理的作用分析与实施路径研究，17ARC202）的资助下完成的，特此表示感谢。

前言

自《中华人民共和国城市居民委员会组织法》颁布实施后，中国各地开始了以社区自治为主要标志的社区治理实践活动。作为一种常态化制度化的社区治理机制，社区自治为城市社会的平稳运行提供了一个确定的制度框架。目前社区治理仍面临角色错位、资源匮乏、参与不足三大难题，随着新型城镇化的推进，将使社区治理的事务更加复杂，治理成本更高，治理难度增加；政府角色社区治理深入推进中错位和迷失，社区居民或业主委员会参与社区治理的需求日益增长，社区非政府组织的快速发展，使得社区治理必须进行创新与重构。政府审计作为确保公共受托责任履行的一种控制机制，已被各级政府和街道、社区所使用，特别是在审计全覆盖背景下，在社区财务收支、经济责任、服务绩效等方面开展审计，为明确社区职能定位、完善社区各项制度、健全社区服务体系发挥了重要作用；为此，如何在新型城镇化、审计全覆盖背景下确保社区审计对社区治理的创新与重构依然是严峻、急迫的任务。

本书的主要研究对象是在新型城镇化、审计全覆盖背景下的城市社区审计对社区治理的影响机理及其实施机制研究。本书主要内容包括九章：

第1章绪论。

第 2 章理论基础及国内外研究综述，本章是有关社区审计与社区治理的理论基础，包括政府委托代理理论、新公共管理理论、政府审计理论、社区治理理论等，以及国内外有关社区审计与社区治理的研究现状。

第 3 章审计全覆盖背景下社区审计的发展现状及其发展趋势。本章主要介绍在审计全覆盖背景下社区审计的发展演变及其制度变化，厘清当前社区审计发展过程中的发展现状、出现问题以及产生的主要原因，指出未来社区审计的发展趋势。

第 4 章新型城镇化背景下社区治理的发展现状及其发展趋势。本章主要介绍新型城镇化背景下社区治理的发展变化，了解当前社区的治理现状、问题及其发展趋势。

第 5 章社区审计对社区治理的影响机理分析。本章主要介绍社区审计与社区治理的关系，以及社区审计对社区治理的影响机理。审计全覆盖将"有效防范治理风险、提高公共服务的效率和效果"作为目标，并通过"制度、实施措施和执行程序"为之提供保障，强调社区审计对社区治理的影响机制。

第 6 章社区治理需求对社区审计的指引作用分析。本章主要介绍社区治理的目标以及社区治理对社区审计的指引作用，探讨责任、高效廉洁、透明社区对社区审计的指引作用，深化和提升审计监督效力，强化监督执纪问责机制，重点加强街道办事处对社区经费执行的监督、居民自发监督以及社会资本和媒体监督。

第 7 章基于审计全覆盖下社区审计机制的实施路径。本章主要介绍审计全覆盖背景下社区审计的实施路径。探寻社区审计机制的实施路径：新型城镇化成为国家战略，城市基层治理、社区治理与审计全覆盖建设提速，形成强大驱动力；仍需国家层面合理确定街道、社区的职责定位，加大社区审计和社区治理的政策供给力度，着重从内部审计、政府审计和委托会计师事务所审计等方面探讨社区审计的实施路径。并以 HN 省 CS 县 XS 街道为例介绍社区审计的实践做法，为审计全覆盖下社区审计的实施提供参考。

第 8 章社区审计对社区治理的实证分析。本章以 HN 省 CS 县 XS 街道所属社区为例，进行社区审计对社区治理的实证分析。实证部分主要包括审计全覆盖对社区审计开展方式的影响分析，地方政府审计业务外包的影响因素分析，社区经济责任审计对社区治理的促进分析，审计覆盖率对社区审计效果的影响分析，以及社区审计促进社区治理的效果检验等。

第9章结论及政策建议。本书的主要结论与观点如下：

1. 社区审计对社区治理的影响机理。社区审计的本质功能在于保证和促进公共受托经济责任的全面有效履行，是促进社区治理进一步完善并保证其有效运行的重要工具，在此，以社区审计协助应对社区治理危机说明社区审计对社区治理的影响机理。一是促进社区责任法制化。二是促进社区运转高效化。三是促进社区干部廉洁化。四是促进社区服务透明化。

2. 社区治理对社区审计具有较强的指引作用。社区治理的核心是监控公共权力的阳光运行，促进公共资源合理有效配置，妥善处理或均衡各种利益主体的利益诉求，保证公共受托经济责任的全面有效履行。社区治理的目标是责任、高效、廉洁、透明。这就需要建立科学合理的社区治理结构和运用适当的社区治理机制。

一是责任社区治理要求强化社区审计对公共受托经济责任的监督机制。二是高效社区治理要求加快向社区绩效审计为中心的转变。三是廉洁社区治理要求社区审计加强对社区权力的制约与监督。四是透明社区治理要求社区审计结果公告。

3. 审计全覆盖下社区审计的实施路径。在社区治理过程中，参与的审计主体应是多元化的，即政府审计、内部审计和民间审计多者并存，各有侧重、相互补充，为完善社区治理提供多层次、全方位的监督和服务。三类审计尽管职责不同、具体目标各异，但其总目标是一致的，都是致力于服务实现社区良好治理目标。

4. 社区审计对社区治理的实证结论。

（1）解决全覆盖下审计任务重与审计资源有限之间的矛盾，应推行社区审计"五分离"模式，将审计机关内部与具体审计业务密切相关的职责和权力划分为五个部分，五部分之间各司其职、相互监督制约、密切配合协作的运作机制和管理模式。推进实施社区审计业务外包，地方政府审计机关加强对社区审计业务外包的监督与管理。

（2）应当建立并完善社区负责人经济责任审计评价指标体系。JML社区、HB社区、FDL社区负责人经济责任审计评价为优秀，而XC社区、SY社区负责人评价为良好。社区负责人在履行经济决策、政策执行、管理监督等职责较好，但都存在违规发放误餐、协调等补助、公款旅游等情况，负有一定的领导责任，特别是XC社区存在白条支付工程款现象。这说明XS街道5个社区负责人在任内较好地履行了其经济责任，评价结果可供街道办事处党委或干部部门作为考核依据。

（3）社区审计覆盖率与社区审计效果之间的作用机理：一是社区审计覆盖率的提高，被审计概率提高，有助于增强社区审计的揭示效应和抵御效应，进而抑制社区负责人的违规行为和机会主义行为，影响社区审计效果。二是社区审计覆盖率的提高，被处罚概率提高，有助于增强社区审计的威慑效应，提高社区审计整改率和审计建议采纳率，影响审计效果。实证结果表明：社区审计覆盖率没有影响社区违规率，但是却影响社区整改率，当社区审计覆盖率提高时，社区审计整改率也会提高。

（4）社区审计能够在理论上通过揭示机制、威慑机制、抵御机制对社区治理发挥作用。但是实践中发现揭示机制发挥了提升社区治理质量的作用，可能是因为社区负责人对于审计报告的对外公开产生了声誉影响，如果街道办事处据此作出纪律处分，更让社区负责人战战兢兢，促使其小心行事。而威慑机制和抵御机制没有发挥作用，可能因为，真正直接对社区治理质量发挥作用的是审计问题的整改以及社区治理体制、制度缺陷的完善，账务处理错误、白条支付只是调账处理，没有追究其有关责任；至于缺陷的制度也没有要求立即完善，审计建议没有得到妥善的解决，抵御力度也不足。

石恒贵

2018年5月

目 录

第 1 章 绪论 ·· 1

1.1 研究背景 ··· 2

1.2 研究意义 ··· 6

1.3 研究主要内容 ··· 7

1.4 研究框架 ··· 9

1.5 研究技术路线 ··· 11

第 2 章 理论基础及国内外研究综述 ·························· 12

2.1 理论基础 ··· 12

2.2 国外研究现状 ··· 26

2.3 国内研究现状 ··· 30

2.4 研究述评 ··· 37

第 3 章 审计全覆盖背景下社区审计的发展现状及其发展趋势 ·· 39

3.1 我国社区审计的制度演变 ······························· 39

3.2 我国社区审计的发展现状、问题及原因分析⋯⋯⋯⋯⋯⋯ 41
3.3 审计全覆盖下我国社区审计的发展趋势⋯⋯⋯⋯⋯⋯⋯ 47
3.4 本章小结⋯⋯⋯⋯⋯⋯⋯⋯⋯⋯⋯⋯⋯⋯⋯⋯⋯⋯⋯⋯ 51

第4章 新型城镇化背景下社区治理的发展现状及其发展趋势⋯⋯⋯⋯⋯⋯⋯⋯⋯⋯⋯⋯⋯⋯⋯⋯⋯⋯⋯ 53

4.1 我国社区治理的制度演变⋯⋯⋯⋯⋯⋯⋯⋯⋯⋯⋯⋯⋯ 53
4.2 我国社区治理的发展现状、问题及原因分析⋯⋯⋯⋯⋯ 55
4.3 新型城镇化下社区治理的发展趋势⋯⋯⋯⋯⋯⋯⋯⋯⋯ 59
4.4 本章小结⋯⋯⋯⋯⋯⋯⋯⋯⋯⋯⋯⋯⋯⋯⋯⋯⋯⋯⋯⋯ 62

第5章 社区审计对社区治理的影响机理分析⋯⋯⋯⋯⋯⋯⋯ 64

5.1 社区审计与社区治理的关系分析⋯⋯⋯⋯⋯⋯⋯⋯⋯⋯ 65
5.2 社区审计对社区治理的影响机理分析⋯⋯⋯⋯⋯⋯⋯⋯ 67
5.3 本章小结⋯⋯⋯⋯⋯⋯⋯⋯⋯⋯⋯⋯⋯⋯⋯⋯⋯⋯⋯⋯ 74

第6章 社区治理需求对社区审计的指引作用分析⋯⋯⋯⋯⋯ 76

6.1 和谐社会构建中的社区治理目标⋯⋯⋯⋯⋯⋯⋯⋯⋯⋯ 77
6.2 社区治理需求对社区审计的指引作用分析⋯⋯⋯⋯⋯⋯ 81
6.3 本章小结⋯⋯⋯⋯⋯⋯⋯⋯⋯⋯⋯⋯⋯⋯⋯⋯⋯⋯⋯⋯ 90

第7章 社区审计的实施路径分析⋯⋯⋯⋯⋯⋯⋯⋯⋯⋯⋯⋯ 91

7.1 社区审计的主要目标、方式⋯⋯⋯⋯⋯⋯⋯⋯⋯⋯⋯⋯ 91
7.2 内部审计参与社区治理的模式构建⋯⋯⋯⋯⋯⋯⋯⋯⋯ 94
7.3 政府审计参与社区治理的模式构建⋯⋯⋯⋯⋯⋯⋯⋯⋯ 99
7.4 社会审计参与社区治理的模式构建⋯⋯⋯⋯⋯⋯⋯⋯ 103
7.5 HN省CS县社区审计实例⋯⋯⋯⋯⋯⋯⋯⋯⋯⋯⋯⋯ 106
7.6 本章小结⋯⋯⋯⋯⋯⋯⋯⋯⋯⋯⋯⋯⋯⋯⋯⋯⋯⋯⋯ 110

第8章 社区审计对社区治理的实证分析 ·········· 112

8.1 审计全覆盖对社区审计开展方式的影响分析 ·········· 112

8.2 社区审计中地方政府审计业务外包决策影响因素的实证分析 ·········· 118

8.3 社区经济责任审计评价指标体系构建的实证分析 ·········· 129

8.4 审计覆盖率对社区审计效果的影响分析 ·········· 142

8.5 社区审计促进社区治理的效果分析 ·········· 149

8.6 本章小结 ·········· 156

第9章 结论及政策建议 ·········· 159

9.1 主要结论 ·········· 159

9.2 政策建议 ·········· 165

9.3 研究局限性 ·········· 173

参考文献 ·········· 175

后记 ·········· 180

第 1 章

绪　　论

社区是一定区域内有特定生活方式并且具有成员归属感的人群所组成的相对独立的社会共同体。中共中央办公厅、国务院办公厅2000年11月转发《民政部关于在全国推进城市社区建设的意见》的通知中提出"城市社区"一般是指对原有街道办事处、居民委员会所在辖区进行调整，以调整后的居民委员会辖区作为社区地域。

社区居民委员会是社区居民自治的组织者、推动者和实践者，宣传宪法、法律、法规和国家的政策，教育居民遵守社会公德和居民公约、依法履行应尽义务，开展多种形式的社会主义精神文明建设活动；召集社区居民会议，办理本社区居民的公共事务和公益事业；开展便民利民的社区服务活动，兴办有关服务事业，推动社区互助服务和志愿服务活动；组织居民积极参与社会治安综合治理、开展群防群治，调解民间纠纷，及时化解社区居民群众间的矛盾，促进家庭和睦、邻里和谐；管理本社区居民委员会的财产，推行居务公开；及时向人民政府或者街道办事处反映社区居民群众的意见、要求和提出建议。城市基层人民政府或者其派出机关对社区居民委员会的工作给予指导、支持和帮助。

城市基层人民政府或者街道办事处要大力推进服务型政府建设，切实转变职能，改进管理方式和工作作风，履行好社会管理和公共服务的职责。在街道社区服务中心设立"一站式"服务大厅，为社区及居民群众提供方便快捷优质的服务。普遍推行社区公共服务事项准入制度，凡属于基层人民政府及其职能部门、街道办事处职责范围内的事项，不得转嫁给社区居民委员会；凡依法应由社区居民委员会协助的事项，应当为社区居民委员会提供必要的经费和工作条件；凡委托给社区居民委员会办理的有关服务事项，应当实行权随责走、费随事转。社区居民委员会的工作经费、人员报酬以及服务设施和社区信息化建设等项经费纳入财政预算。社区居民委员会兴办公益事业所需费用，经居民会议或居民代表会议讨论，按照自愿原则，可以向社区居民或受益单位筹集。街道办事处将社区居民委员会工作经费纳入街道办事处银行账户管理，实行专款专用，分账核算，不得挪用、挤占、截留，并定期向社区居民委员会及居民公开使用情况，接受居民监督。社区居民委员会成员、社区专职工作人员报酬问题由县级以上地方人民政府统筹解决。加大对财政困难地区一般性转移支付力度，增强其做好社区居民委员会建设工作的保障能力。

2014年底，我国社区居委会数量为9.66万个，比1979年增加9.19万个，翻了近20倍。城市社区居民委员会在服务居民群众、搞好城市管理、密切党群干群关系、维护社会稳定等方面发挥了不可替代的重要作用。当前，我国正处于全面建设小康社会、加快推进社会主义现代化建设的新的历史起点，城市基层正在发生新的深刻变革，社区居民委员会承担的社会管理任务更加繁重、维护社会稳定的功能更加突出，居民群众对社区居民委员会的服务需求更加迫切，但不少社区居民委员会还存在着组织不健全、工作关系不顺、工作人员素质偏低、服务设施薄弱、工作经费难以落实等问题，影响了社区居民委员会功能作用的发挥，影响了城市社区建设的整体推进。

1.1 研究背景

"新型城镇化"一词由来已有10余年，公认最早是伴随党的十六大"新型工业化"战略提出，主要是依托产业融合推动城乡一体化（李程骅，

2012）。然后，"新型城镇化"被广大百姓熟知是在党的十八大，特别是2012年中央经济工作会议首次正式提出"把生态文明理念和原则全面融入城镇化全过程，走集约、智能、绿色、低碳的新型城镇化道路"，及其确立为未来中国经济发展新的增长动力和扩大内需的重要手段之后，才越来越受到各行业和学界人士的关注。"新型城镇化"是在"传统城镇化"概念基础上进一步展开而来的（单卓然等，2013）。自中华人民共和国成立以来，我国传统城镇化大体经历了顺利与超速、倒退与停滞、快速与稳定6个阶段（方创琳等，2008），总体上实现了城镇化的快速发展，但是持续高速的传统城镇化进程遗留了众多历史性问题，城市人口猛增、土地失控、农田被吞噬（吴良镛，1999）；城市人口猛增带来的治安艰难、基础设施不足、交通堵塞、医疗教育薄弱，居民生活质量不高（姚士谋等，2014），只有数量没有质量（周干峙，2006）都暴露了城市管理体制问题。新型城镇化打破了原有的城市社会管理模式，如何在社会结构发生根本性转变、社区人员构成日渐多元化、居民精神物质需求日益多样化、各类社会矛盾聚焦在城市社区的情况下完善社区治理体制与社区服务功能，以充分发挥城市社区在社会管理中的积极作用，是当前关系城市基层社会和谐稳定最集中、最突出的问题。推进新型城镇化进程中的社区治理创新不仅是重构政府与社会关系的重要途径，也是提升政府公共管理水平、提高社会治理能力、推进城乡一体化的重要标志。

社区治理是一个逐步发展的过程，与"社区"和"治理"两个概念的提出紧密相连。自腾尼斯于1887年提出社区概念后，其内涵随着经济发展和制度变迁而逐渐丰富。在腾尼斯看来，社区即"共同体"，是有着相同价值取向、人际关系亲密无间、人口同质性较强的共同体。1989年，世界银行在讨论非洲发展时首次提出了"治理危机"，此后，"治理"这一概念风行于学术界。在西方学术界，社区治理通常指的是在一定区域范围内政府与社区组织、社区公民共同管理社区公共事务的活动。在国内，21世纪初，不同学科的专家学者开始大规模地介入社区治理研究，主要从公共权力配置与运行（徐勇，2003；卢福营，2010）、社区治理的内涵及治理模式（魏娜，2003；王方等，2008；刘铎，2009；厦建中，2010；李冬泉等，2012；

赵守飞等，2013）和不同治理主体在社区治理中的作用与影响（花蕾等，2008；厦建中，2010；邓念国，2013）角度进行研究。《中华人民共和国城市居民委员会组织法》颁布实施后，中国各地开始了以社区自治为主要标志的社区治理实践活动。作为一种常态化制度化的社区治理机制，社区自治为城市社会的平稳运行提供了一个确定的制度框架（董颖鑫，2013）。但由于社区自治是一种自上而下的制度供给而非城市社会的自发行为，在嵌入城市社会的过程中难免出现摩擦，其在表现出优越性的同时也面临大众民主难以有效推行的种种困局（王瑞艳，2012）。保证居民知情权、参与权和监督权是大众民主的基础（林丽娜，2012），但一直以来，社区治理都被信息失衡所困扰（王守智，2008）。推行社区财务公开制度，增加了政策执行的透明度和信息反馈的及时性，可以较大地节约交易成本（丁煌、杨代福，2012）。但在实际中，出现了社区组织垄断了社区信息（王世兴，2011），导致居民参与不积极，社区财务公开质量不高（周燕玲，2012），公开流于形式，缺乏真实内容（徐雪峰，2013），反馈渠道不通畅（宋海青，2013）等制度运行不力的问题（杨沛艳，2011）。目前社区治理仍面临角色错位、资源匮乏、参与不足三大难题，随着新型城镇化的推进，将使社区治理的事务更加复杂，治理成本更高，治理难度增加（朱玉伟，2013；严志兰等，2014）；政府角色在社区治理深入推进中错位和迷失，社区居民或业主委员会参与社区治理的需求日益增长，社区非政府组织的快速发展，使得社区治理必须进行创新与重构（花蕾等，2008；邓念国，2013）。政府审计作为确保公共受托责任履行的一种控制机制，已被各级政府和街道、社区所使用，在财务收支、经济责任、服务绩效等方面开展审计，为明确社区职能定位、完善社区各项制度、健全社区服务体系发挥了重要作用。

2013年时任审计署审计长刘家义在全国审计工作会议上提出，要努力实现审计监督"全覆盖"，依法使所有公共资金、国有资产、国有资源都在审计监督之下，不留盲区和死角。2014年李克强总理在听取审计署工作汇报时也强调审计全覆盖，切实看住管好公共资金。审计全覆盖要统筹部署，有计划推进，确保实现对重点对象每年审计一次、其他对象五年至少审计一次。在社区审计方面,国外相关研究主要集中于资源配置和公共权力的监督上。在国内,学者们普遍认为,我国社区财务的内部和外部监督相对不足。在外部,街道审计所是社区财务审计监督的主要力量,但街道办事处审计力量配备不强,审计队伍专职化率不高(叶金梁,2012),而社区自身审计机构队伍建设滞后,没有配备专职审计人员(林志英等,2010)。在针对社区财务、经济责任等内容进行审计时,普遍存在审计项目狭窄、不到位等情况(郭赢政,2012)。在内部,部分社区的集体资产产权不明晰,居民作为资产所有者地位虚置,居民对本社区的集体资产很少有知情权、参与权和监督权(林志英等,2010)。作为代理人的居委会成了天然的、事实上的、司法支持的集体资产管理受托人,甚至成了事实上的资产所有者,对审计结果也缺乏公示制度(陈德俊,2007)。作为集体资产的所有者和社区公共资源的提供者,居民应是社区财务审计监督的"积极的"责任人,但由于居民民主监督参与力不够,民主理财能力不强,其监督有效性一直较低(林志英等,2010)。为强化社区审计,学者们提出了四个方面的建议:(1)将社区审计纳入政府审计范畴,发挥政府审计在政府治理中的作用(陆凯,2012),但主要障碍是缺乏法律依据(白海峰、杨少峰,2010);(2)委托注册会计师进行社区审计(陈德俊,2007);(3)将社区审计定位为内部审计(林志英等,2010);(4)综合政府审计、内部审计和民间审计的优点,建立新的社区审计监督机制(闫晋洁,2013)。同时国内外学者较少直接研究社区审计与社区治理的关系与作用,仅发现:社区绩效审计与社区管理建议(盛良,2013)、政府审计与乡村治理(陶其东,2013)。更多成果集中在国家审计与国家治理:国家治理的目标决定国家审计的方向(刘家义,2012),国家治理模式决定国家审计的形态(陈英姿,2012);国家审计是国家治理的工具(冯均科,2011),作为国家治理的重要组成部分(李明辉等,2013),应服务国家治理(蔡春等,2012)。

特别是2014年中央纪委机关、中央组织部、中央编办、监察部、人力资源和社会保障部、审计署、国资委联合发布《党政主要领导干部和国有企业领导人员经济责任审计规定实施细则》,明确规定审计机关可以对村党组织和村民委员会、社区党组织和社区居民委员会的主要负责人进行经济责任审计。由此，社区审计正式成为政府审计的重要课题，特别是社区主要负责人经济责任审计纳入县级审计机关的审计范围。

1.2 研究意义

1. 学术价值

2011年审计署审计长刘家义在中国审计学会第三次理事论坛上提出"国家审计是国家治理的重要组成部分……国家审计应在国家治理中发挥重要作用"这一著名论断，自此，关于"国家审计与国家治理"的议题就被学术界和实务界高度重视并广泛讨论研究。审计全覆盖应统筹部署，有计划推进，确保实现对重点对象每年审计一次、其他对象五年至少审计一次。社区作为国家治理的微观基础，而审计作为国家治理的工具，本书基于公共受托责任理论和国家治理理论，探讨社区审计与社区治理之间的关系与作用机理，构建社区审计与社区治理的创新框架，分析基于社区治理的社区审计实施机制，以提高新型城镇化下社区治理绩效和社区居民生活质量，从学术上丰富和发展了国家审计与国家治理学说在社区审计和社区治理理论中的应用，具有较高的学术价值。

2. 应用价值

新型城镇化是对传统城镇化的解构、克服与超越，重点在城市管理和社区治理体制的改革与创新。社区是国家治理的组成部分和微观单元，审计作为国家治理的重要组成部分，突出强调审计全覆盖，切实看住管好公共资金，构建社区审计与社区治理的创新框架，探讨基于社区治理的社区审计实施机制，为社区审计机构、街道审计所、县审计局等在开展社区审计时提供新的审计思路、方法、运行机制等建议；提出基于社区审计的社区治理促进机制，为城市社区居委会、街道办、民政局等在新型城镇化进程中解析城市社区治理结构、治理机制、治理制度、治理模式和治理方法与手段提供理论支撑和实际对策，顺利实施《国家新型城镇化规划（2014~2020年）》，走出一条以人为本、四化同步、优化布局、生态文明、文化传承的中国特色新型城镇化道路，为我国64个新型城镇化试点城市改革城市社会治理体系提供决策依据，具有重要的应用价值。

1.3　研究主要内容

本书的主要研究对象是在新型城镇化、审计全覆盖背景下的城市社区审计对社区治理的影响机理及其实施机制研究。本书主要内容包括七部分：(1) 社区审计与社区治理的理论基础及国内外研究综述；(2) 审计全覆盖背景下社区审计的发展现状及其发展趋势；(3) 新型城镇化背景下社区治理的发展现状及其发展趋势；(4) 社区审计对社区治理的影响机理分析；(5) 社区治理需求对社区审计的指引作用分析；(6) 社区审计的实施路径分析；(7) 社区审计对社区治理的实证分析。

本书的主要研究内容如下：

1. 理论基础及国内外研究综述

本部分是有关社区审计与社区治理的理论基础，包括政府委托代理理论、新公共管理理论、政府审计理论、社区治理理论等，以及国内外有关社区审计与社区治理的研究综述。

2. 审计全覆盖背景下社区审计的发展现状及其发展趋势

本部分主要介绍在审计全覆盖背景下社区审计的发展演变及其制度变化，厘清当前社区审计发展过程中的发展现状、出现问题以及产生的主要原因，指出未来社区审计的发展趋势。

3. 新型城镇化背景下社区治理的发展现状及其发展趋势

本部分主要介绍新型城镇化背景下社区治理的发展变化，了解当前社区的治理现状、问题及其发展趋势。社区治理有其内在规律和特点，既有文献对此关注不够。结合我国新型城镇化战略的现实场景深入分析社区治理的现状、特征和机理是对其实施有效治理的前提。运用案例分析法探明社区治理的现状和特征：对 HN 省 CS 县、CQ 市 SPB 区等地典型社区治理进行调查研究，收集社区治理的治理过程、经费投入、人财物的使用等数据，并且重点梳理民政部每年评选出来的优秀社区治理案例的特征，形成社区治理的优秀数据库和观测指标，揭示社区治理的特征和最佳模式。

4. 社区审计对社区治理的影响机理分析

本部分主要介绍社区审计与社区治理的关系以及社区审计对社区治理的影响机理。审计全覆盖将"有效防范治理风险、提高公共服务的效率和效果"作为目标，并通过"制度、实施措施和执行程序"为之提供保障，强调社区审计对社区治理的影响机制。审计全覆盖服务社区治理的制度逻辑。防范社区治理风险是社区审计全覆盖的目标和题中之意；社区治理困难的根源在于角色错位、资源匮乏、参与不足，创新社区审计工作机制，创新社区审计组织方式，探讨社区审计（内部审计、街道办审计所、会计师事务所）的人、财、物使用方式，优化社区治理审计、社区服务绩效审计等运行机制；创新社区审计技术方法，依托不同城市、不同社区类型，构建大数据审计工作模式，发现社区审计重点范围、问题，构建与社区治理能力相适应的审计监督机制。通过审计全覆盖，重新定位社区职责，鼓励社会化组织、居民广泛参与社区事务，与社区治理的内在要求和制度逻辑高度吻合。

5. 社区治理需求对社区审计的指引作用分析

本部分主要介绍社区治理的目标以及社区治理对社区审计的指引作用。明确社区治理目标，新型城镇化重点在于城市管理和社区治理体制的改革与创新，厘清新型城镇化下街道、社区的职责分工，明确社区治理的目标。培育社会服务，创新社会化服务提供机制，鼓励社会参与，创新社区事务公开机制，构建社区资源、重大事项实行决策、执行、管理、服务和结果（含审计结果）五公开机制，提升并保障社区居民在社区治理中的参与权、话语权，建立、完善居民投诉、咨询以及意见反馈机制。分析社区治理对社区审计的指引作用，探讨责任、高效廉洁、透明社区对社区审计的指引作用，深化和提升审计监督效力，强化监督执纪问责机制，重点加强街道办事处对社区经费执行的监督、居民自发监督以及社会资本和媒体监督。

6. 社区审计的实施路径分析

本部分主要介绍审计全覆盖背景下社区审计的实施路径。探寻社区审计机制的实施路径：新型城镇化成为国家战略，城市基层治理、社区治理与审计全覆盖建设提速，形成强大驱动力；仍需国家层面合理确定街道、社区的职责定位，加大社区审计和社区治理的政策供给力度，着重从内部审计、政府审计和委托会计师事务所审计等方面探讨社区审计的实施路径。并以 HN 省 CS 县 XS 街道为例介绍社区审计的实践做法，为审计全覆盖下社区审计的实施提供参考。

7. 社区审计对社区治理的实证分析

本部分以 HN 省 CS 县 XS 街道所属社区为例，进行社区审计对社区治理的实证分析。实证部分主要包括审计全覆盖对社区审计开展方式的影响分析，地方政府审计业务外包的影响因素分析，社区经济责任审计对社区治理的促进分析，审计覆盖率对社区审计效果的影响分析，以及社区审计促进社区治理的效果检验等。

1.4 研究框架

本书的研究框架如图 1.1 所示。

```
                社区审计与社区治理的理论基础及国内外研究综述
                                    │
                ┌───────────────────┴───────────────────┐
        审计全覆盖下社区审计的                   新型城镇化下社区治理的
          发展现状、问题、趋势                     发展现状、问题、趋势
                │                                       │
        社区审计对社区治理的                     社区治理对社区审计的
            影响机理分析                             指引作用分析
           ┌────┴────┐                           ┌────┴────┐
      社区审计与社区   社区审计对社区           社区治理的目标   社区治理与社区
        治理的关系     治理的影响机理                           审计的指引

                    审计全覆盖下社区审计的实施路径分析
                ┌───────────────┼───────────────┐
              政府审计          内部审计          社会审计

                    HN省CS县XS街道社区审计实例

                    社区审计对社区治理的实证分析
       ┌────────┬────────┬────────┬────────┐
   审计全覆盖对  地方政府审计  社区经济责任  审计覆盖率对  社区审计促进
   社区审计开展  业务外包的影  审计对社区治  社区审计效果  社区治理的效果
   方式的影响研究 响因素研究    理的促进      的影响
       
                       主要结论及政策建议
```

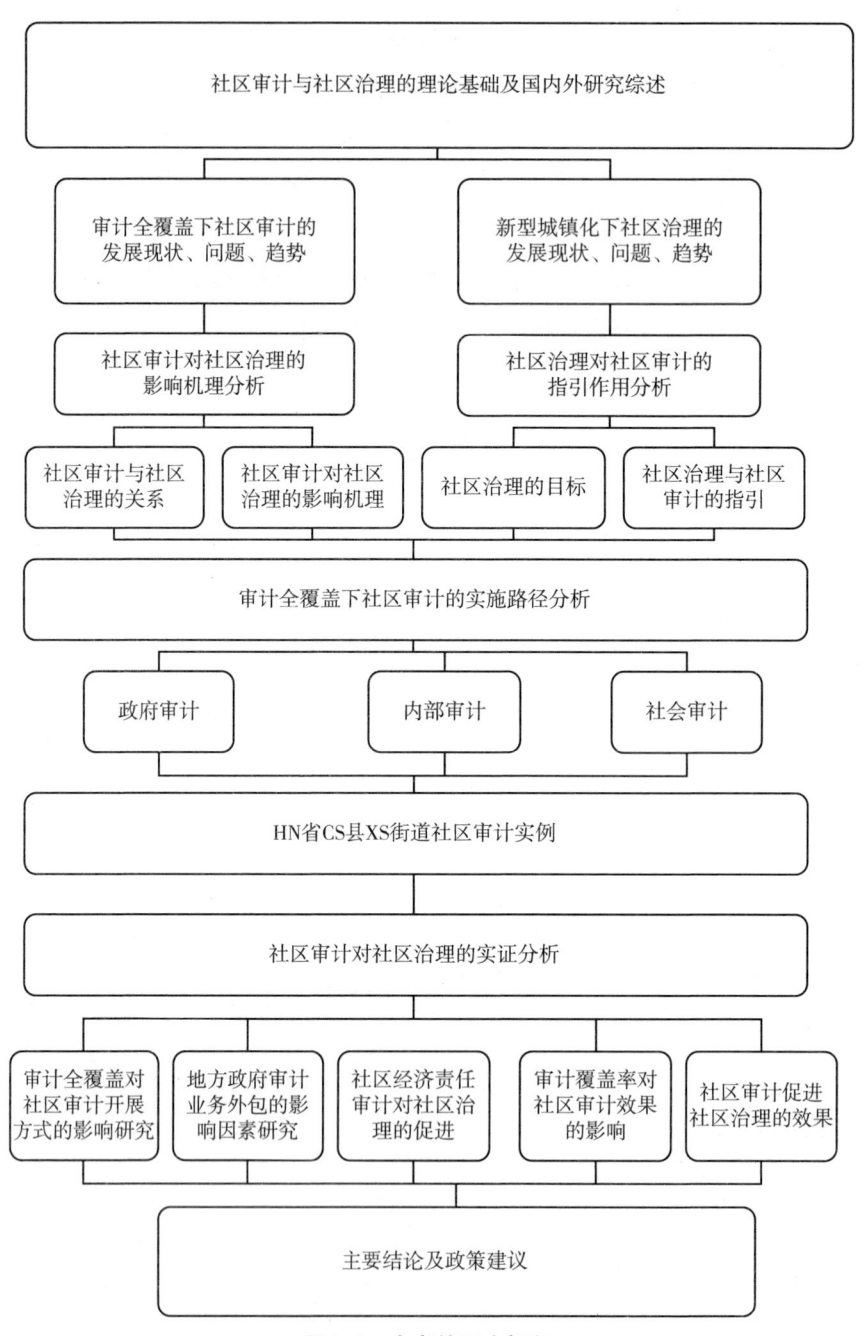

图 1.1　本书的研究框架

1.5 研究技术路线

本书的研究技术路线如图1.2所示。

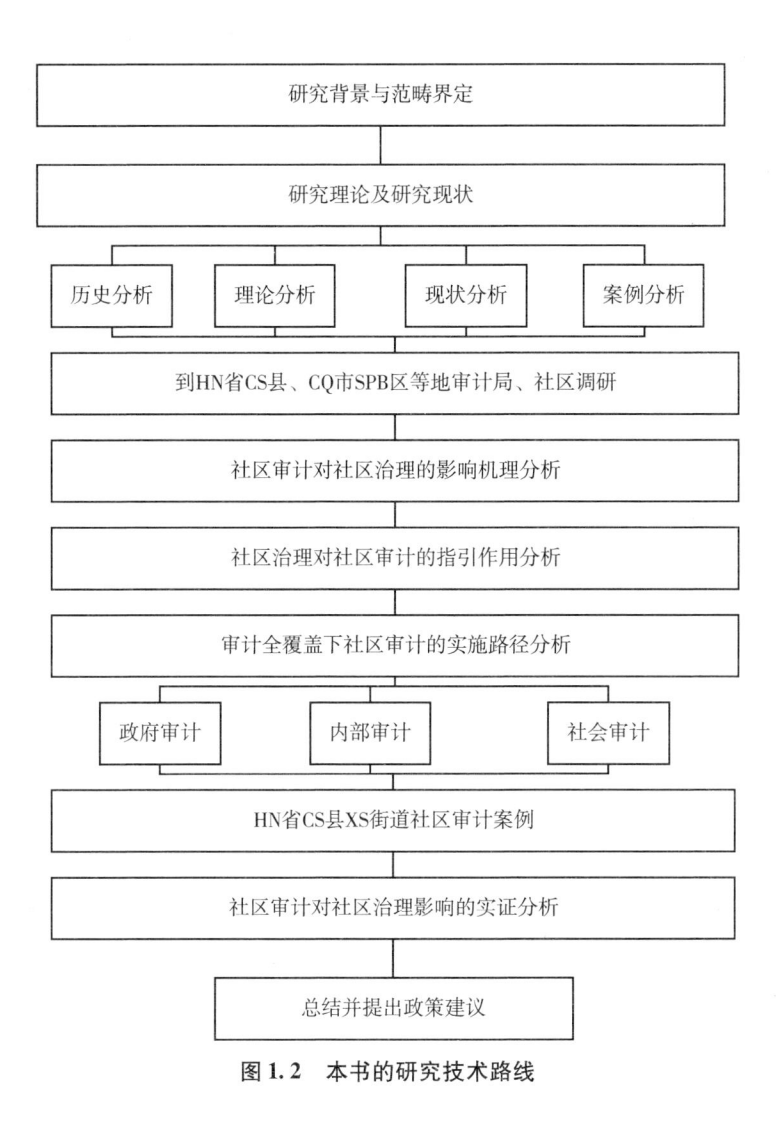

```
研究背景与范畴界定
        ↓
研究理论及研究现状
   ↓    ↓    ↓    ↓
历史分析 理论分析 现状分析 案例分析
        ↓
到HN省CS县、CQ市SPB区等地审计局、
社区调研
        ↓
社区审计对社区治理的影响机理分析
        ↓
社区治理对社区审计的指引作用分析
        ↓
审计全覆盖下社区审计的实施路径分析
    ↓       ↓       ↓
政府审计  内部审计  社会审计
        ↓
HN省CS县XS街道社区审计案例
        ↓
社区审计对社区治理影响的实证分析
        ↓
总结并提出政策建议
```

图1.2 本书的研究技术路线

第 2 章

理论基础及国内外研究综述

2.1 理论基础

2.1.1 新公共管理理论

西方传统公共行政的理论基础有二：一是伍德罗-威尔逊（Woodrow Wilson）与弗兰克·古德诺（Frank Goodno）所提出的所谓"政治—行政二分法"；二是马克斯·韦伯（Max Weber）的官僚制理论，它们成为西方公共行政发展的指导思想。但随着公共行政现实的发展，这两个理论基础都受到了挑战。一方面，政治与行政在现实中无法完全分离，行政并不是政治的工具，公共行政人员都是具有主观能动性的个体，因其具有专业知识而经常参与公共政策的制定过程，甚至直接制定政策。因此，行政人员必然受到政治的影响，具有自身的利益偏好。另一方面，马克斯·韦伯的官僚制作用的发挥也受到现实的制约。通过良好理性的制度设计，韦伯致力于建立的官僚队伍是非人格化、标准化办公、完全理性、职业化、专业化的组织，他们像一部机器的零件一样精确，共同推进政府这个"大机器"高效、有序地运转。但现实中，行政人员并非是完美的个体，都受到非理性因素的影响，并且具有个人利益导向。机构臃肿、办事拖沓、效率低下、反应迟缓，是官僚制度运行过程中的固有特征，信息社会的发展促进产生多样化的社会需求进一步加剧了官僚制的缺陷与现实的冲突。因此，官僚制并非如原有设计那样高效廉洁，受到了极大的挑战。面对日益多样化的公民需求，官僚制缺乏敏感性和回应力，它与公民之间的关系已显得渐行渐远。新公共管理运动正是在传统公共行政理论受到挑战的环境下产生的。客观而言，"新公共管理"思想是经济学和企业管理理论在公共行政领域的综合应用。新公共管理是个非常松散的概念，它既指一种试图取代传统公共行政学的管理理论，又指一种新的公共行政模式。新公共管理理论是当代国外行政改革的主要理论基础，影响很大。

新公共管理是在20世纪80年代，西方一些国家政府管理相继出现严重危机，传统科层体制的公共行政已经不能适应迅速变化的信息社会的发展，无法解决政府所面临的日益严重的问题的背景下诞生的。它主张在政府公共部门采用私营部门成功的管理方法和竞争机制，重视公共服务效率，强调在解决公共问题、满足公民需求方面增强有效性和回应力，强调自上而下的统治性权力与自下而上的自治性权力交互，强调政府与公民社会的协商与合作，强调政府低成本运作，强调公共服务的质量和最终结果，强调引进企业管理的若干机制和方法来改革政府，强调顾客第一和消费者主权，强调政府职能简化、组织结构"解科层化"、作业流程电子化。

传统公共行政的理论基础是以威尔逊、古德诺的政治与行政的二分法和以韦伯的科层制理论为基础的官僚组织理论，新公共管理的理论基础不同于传统公共行政，新公共管理的理论基础主要是公共选择理论、新制度经济学理论和私营企业的管理理论与方法。与传统行政模式将公共行政的管理方法局限于政治规则不同，新公共管理模式着力于经济规则。根据中西方行政学者们的论述，新公共管理理论的基本思想可以做如下概括。

1. 政府的管理职能是"掌舵"而不是"划桨"

与传统公共行政管理中政府只是收税和提供服务不同，新公共管理主张政府在公共行政管理中应该只是制定政策而不是执行政策，即政府应该把管理和具体操作分开，政府只起"掌舵"的作用而不是"划桨"的作用。这样做的好处是可以缩小政府的规模，减少开支，提高效率。"'掌舵'的人应该看到一切问题和可能性的全貌，并且能对资源的竞争性需求加以平衡。'划桨'的人聚精会神于一项使命并且把这件事做好。'掌舵'型组织机构需要发现达到目标的最佳途径。'划桨'型组织机构倾向于不顾任何代价来保住他们的行事之道。"因此，有效的政府并不是一个"实干"的政府，不是一个"执行"的政府，而是一个能够治理并且善于实行"治理"的政府。

2. 政府服务以顾客或市场为导向

新公共管理从公共选择理论中获得依据，认为政府应以顾客或市场为导向，从而改变了传统公共行政模式下的政府与社会之间的关系，对政府职能及其与社会的关系重新进行了定位。新公共管理理论认为，政府的社会职责是根据顾客的需求向顾客提供服务。"市场不仅在私营部门存在，也在公共部门内部存在。"于是在新公共管理中，政府不再是凌驾于社会之上的、封闭的官僚机构，而是负有责任的"企业家"，公民则是其"顾客"或"客户"，这是公共管理理念向市场法则的现实回归。"企业家"在新公共管理思想中有其特殊的含义，作为"企业家"的政府并非以赢利为目的，而是要把经济资源从生产效率较低的地方转移到效率较高的地方。因此，企业家式的政府应该是能够提供较高服务效率的政府。为了实现这一目标，政府服务应该以顾客需求或市场为导向。对公共服务的评价，应以顾客的参与为主体，注重换位思考，通过顾客介入，保证公共服务的提供机制符合顾客的偏好，并能产出高效的公共服务。

3. 广泛采用授权或分权的方式进行管理

政府组织是典型的等级分明的集权结构，这种结构使得政府机构不能对新情况及时做出反应。由于信息技术的发展趋势，加快决策的压力猛烈地冲击着政府的决策系统，政府组织需要对不断变化的社会做出迅速的反应。企业界经理采取分权的办法，通过减少层级、授权和分散决策权的办法迅速做出反应，从而有效地解决问题。因此，政府也应该通过授权或分权的办法来对外界变化迅速做出反应。政府应将社会服务与管理的权限通过参与或民主的方式下放给社会的基本单元：社区、家庭和志愿者组织等，让他们自我服务、自我管理。奥斯本和盖布勒说："当家庭、居民点、学校、志愿组织和企业公司健全时，整个社区也会健康发展，而政府最基本的作用就是引导这些社会机构和组织健康发展……那些集中精力积极'掌舵'的政府决定其社区、州和国家的发展前途。它们进行更多的决策。它们使更多的社会和经济机构行动起来。"这是因为，健康而有活力的社会基本单元构成健康而有活力的国家。新公共管理理论认为，与集权的机构相比，授权或分权的机构有许多优点，如比集权的机构有多得多的灵活性，对于新情况和顾客需求的变化能迅速做出反应；比集权的机构更有效率；比集权的机构更具创新精神；能够比集权的机构产生更高的士气，更强的责任感，更高的生产率等。

4. 广泛采用私营部门成功的管理手段和经验

与传统公共行政排斥私营部门管理方式不同，新公共管理理论强调政府广泛采用私营部门成功的管理手段和经验，如重视人力资源管理，强调成本—效率分析、全面质量管理、降低成本和提高效率等。新公共管理理论认为，政府应根据服务内容和性质的不同，采取相应的供给方式。政府可以把压人的官僚组织分解为许多半自主性的执行机构，特别是把商业功能和非商业功能分开，决策与执行分开；移植私营部门的某些管理办法，如采用短期劳动合同、开发合作方案、签订绩效合同以及推行服务承诺制；主张全面的货币化激励，不过分主张传统的道德、精神、地位和货币等因素的混合以及单一的固定工资制的激励机制。特别是主张对高级雇员的雇用实施有限任期的契约，而不是传统的职位保障制。

5. 在公共管理中引入竞争机制

传统的观念认为，微观经济领域应该由私营企业承担，而公共服务领域则应该由政府垄断。与传统公共行政排斥私营部门参与管理不同，新公共管理理论强调政府管理应广泛引进竞争机制，取消公共服务供给的垄断性，让更多的私营部门参与公共服务的供给，通过这种方式将竞争机制引入到政府公共管理中来，从而提高服务供给的质量和效率。之所以需要引入竞争，是因为竞争可以提高效率，即投入少产出多；竞争迫使垄断组织对顾客的需要做出反应；竞争奖励革新；竞争提高公营组织雇员的自尊心和士气。因此，政府为了高效地实现公共服务的职能，应该让许多不同的行业和部门有机会加入到提供服务的行列中来。

6. 重视提供公共服务的效率、效果和质量

传统政府注重的是投入，而不是结果。由于不衡量效果，所以也就很少取得效果，并且在很多情况下，效果越差，投入反而越多。新公共管理理论根据交易成本理论，认为政府应重视管理活动的产出和结果，应关心公共部门直接提供服务的效率和质量，应能够主动、灵活、低成本地对外界情况的变化以及不同的利益需求作出反应。因此，新公共管理理论主张政府管理的资源配置应该与管理人员的业绩和效果联系起来。在管理和付酬上强调按业绩而不是按目标进行管理，按业绩而不是按任务付酬。在对财力和物力的控制上强调采用根据效果而不是根据投入来拨款的预算制度，即按使命作预算、按产出作预算、按效果作预算和按顾客需求作预算。

7. 放松严格管制，实施明确的绩效目标控制

新公共管理理论反对传统公共行政重遵守既定法律法规、轻绩效测定和评估的做法，主张放松严格的行政规制，实行严明的绩效目标控制，即确定组织、个人的具体目标，并根据绩效目标对完成情况进行测量和评估。他们认为，虽然任何组织都必须具有规章才能运行，但是过于刻板的规章则会适得其反。他们认为，企业家式的政府是具有使命感的政府。它们规定自己的基本使命，然后制定能让自己的雇员放手去实现使命的预算制度和规章，放手让雇员以他们所能找到的最有效的方法去实现组织的使命。有使命感的组

织比照章办事的组织的士气更高,也更具有灵活性和创新精神,从而更有效率。

8. 公务员不必保持中立

在看待公务员与政务官员关系的问题上,新公共管理与传统公共行政存在着明显的分歧。传统公共行政强调政治与行政的分离,强调公务员保持政治中立,不参与党派斗争,不得以党派偏见影响决策等。新公共管理理论则认为,鉴于行政所具有的浓厚的政治色彩,公务员与政务官员之间的相互影响是不可避免的。因此,与其回避,倒不如正视这种关系的存在。基于这种看法,新公共管理理论主张对部分高级公务员实行政治任命,让他们参与政策的制定过程并承担相应的责任,以保持他们的政治敏锐性。在新公共管理者看来,政策制定与政策执行不应截然分开。正视行政机构和公务员的政治功能,不仅能使公务员尽职尽责地执行政策,还能使他们以主动的精神设计公共政策,使政策能更加有效地发挥其社会功能。这体现了新公共管理者重视激励、鼓励公民参与的取向。

新公共管理模式起因于传统行政管理模式的失效。这种前提决定了新公共管理模式必然对传统行政模式进行反叛和否定。从人性假设的颠覆到管理方式上的变革,从"权威的组织"到为顾客提供服务的"企业家",新公共管理呈现出与传统行政管理完全不同的特点。总之,作为一种思潮与实践模式,新公共管理可以被描述为一种追求"3E",即 Economy(经济)、Efficiency(效率)和 Effectiveness(效益)的运动。不管对其具体内容有多少种不同的表述,基本内容都可以被界定为强调使用私人部门管理的理论、原则、经验、方法和技术,引入市场竞争机制,注重结果或绩效管理而非过程管理,提倡顾客导向和改善服务质量。

2.1.2 政府委托代理理论

20 世纪 70 年代初期,罗斯便总结出委托人及代理人的相关概念,戴中亮于《委托代理理论述评》一文中也对此进行了相关阐述,并总结出委托—代理理论,这在信息经济学中也占据一定地位,其是以信息的非对称为基础而建立的。委托代理理论重点分析的是不同层级管理含有的委托代理关系,是希望能够创建合理的发展机制,处理好代理人和委托人之间的利益关系,促使代理人能够以委托人的利益为基础而做好相关工作。这一理论有假设条件,是结合"经济人假设"后而设置的,考虑到了新古典主义经济学。

(1) 委托人实际上与代理人在利益上存在不一致性。该理论指出委托人希望获得经营收益,但代理人则更为关注经营本身,同时二者也均具备一定的理性,做出的工作均是希望能够获得尽可能多的效益,所以,委托人获得的效益是由代理人付出的成本而决定的,换言之就是代理人在经营过程中的行为;代理人获得的效益则是委托人偿付的费用,换言之其是委托人偿付的薪资。所以,二者之间存在利益的不一致性,严重时会发生冲突。以此为背景,代理人或许会借助委托人赋予的权利,为自己获取收益,进而出现一定的代理冲突。这也表明,二者需能够形成一种机制,处理好利益的不一致问题。

(2) 委托人及代理人存在信息不对称问题。当委托人将权利赋予代理人时,其仅能够知晓最终的经营成果,很难准确的了解到代理人实际的经营行为,即便委托人能够看到相关的行为,也很难找到证实的人。这一假设中,代理人一般能够借助相关信息,为自己获取到尽可能多的利益,因而出现代理问题。考虑到不同代理人付出的努力是不一样的,因为很难对其努力情况予以把握,所以代理人及委托人在订立协议时,便不会对努力予以约束。即便在协议中考虑到这一因素,也缺乏第三方对其进行评判,所以具有不可实施性。总的来说,委托人需制定一种机制,激励代理人主动地为自己谋取利益,并付出尽可能多的努力。

2.1.3 社区治理理论

"治理"这一概念自产生后,在20世纪90年代以来成为学者研究不同领域常用到的术语。尤其是西方学者中从事政治学和政治社会学研究的学者对治理做出了许多新的界定。全球治理理论的主要创始人之一詹姆斯·罗西瑙（James N. Rosenau）在其代表作《没有政府的治理》和《21世纪的治理》等著作中明确提出："治理与政府统治不是同义语，它们之间有重大区别。"他将治理定义为一系列活动领域里的管理机制，它们虽未得到正式授权，却能有效发挥作用。与统治不同，治理指的是一种由共同的目标所支持的活动，这些管理活动的主体未必是政府，也无须依靠国家的强制力量来实现。换句话说，与政府统治相比，治理的内涵更加丰富。它既包括政府机制，同时也包括非正式的、非政府的机制。

国外研究治理理论的学者和组织机构中，比较有代表性的有当代最负盛名的地方治理研究专家之一的格里·斯托克（Gerry Stoker）、罗茨（Roots）和经济合作与发展组织（OECD）、全球治理委员会（the Commission on Global Governance）等。斯托克指出，"治理是统治方式的一种新发展，其中的公私部门之间以及公私部门各自的内部的界线均趋于模糊。治理的本质在于，它所偏重的统治机制并不依靠政府的权威或制裁。"他在文中另外提到两名学者库伊曼和范·弗利埃特（Kooiman and Van Vliet），指出治理所要创造的结构或秩序不能由外部强加，它之所以发挥作用，是要依靠多种进行统治的以及互相发生影响的行为者的互动。研究治理理论的另一位权威学者，英国南安普顿大学教授罗茨指出，治理意味着"统治的含义有了变化，意味着一种新的统治过程，意味着有序统治的条件已经不同于前，或是以新的方法来统治社会"。他认为治理是政府、非营利组织和私人部门围绕公共产品和服务的提供而形成的一种相互依赖的伙伴关系，它意味着政府的角色发生了相当大的转变。政府与非营利组织和私人部门之间是合作与伙伴关系，是以信任为基础，最终实现互惠的结果，这是治理的显著特征。全球治理委员会指出治理具有四个特征：治理不是一整套规则，也不是一种活动，而是一个过程；治理过程的基础不是控制，而是协调；治理既涉及公共部门，又包括私人部门；治理不是一种正式的制度，而是持续的互动。

张红樱、张诗雨认为国外研究治理理论学者中，斯托克的观点最为全面，研究治理理论的组织中全球治理委员会的界定更具有代表性和权威性。国内学者以俞可平为代表的认为"治理可以弥补国家和市场在调控和协调过程中的某些不足，但治理也不可能是万能的，它也内在地存在着许多局限，它不能代替国家而享有政治强制力，它也不可能代替市场而自发地对大多数资源进行有效的配置。事实上，有效的治理必须建立在国家和市场的基础之上，它是国家和市场手段的补充。"

什么是城市社区治理？党的十七大报告在发展基层民主、保障人民享有更多更切实的民主权利中具体明确指出"要健全基层党组织领导的充满活力的基层群众自治机制，扩大基层群众自治范围，完善民主管理制度，把城乡社区建设成为管理有序、服务完善、文明祥和的社会生活共同体。"这是国家层面对社区的一个基本定位，该定位明晰具体。

"狭义地说，社会管理是政府依法对社会事务、社会组织和社会生活的规范管理。从中央领导和中央文件对社会管理的论述来看，社会管理的内容极其广泛，包括社会公正、公共治安、社会稳定、社会诚信、利益协调、社会保障、社会服务、公众参与、社会自治、社会救助、食品安全、应急管理、城市管理、社区治理，以及社会组织的培育和管理等。""社区治理是指在一定区域范围内，政府与社区组织、社区公民共同管理社区公共事务的活动。"对于"社区治理是属于地域性基层社会治理范畴"，首先表现为社区治理属于人们通常所说的"块块管理"，即是对某一领域范围内的公共事务和公共行为实施综合治理，而与专门治理某一类事务的"条条管理"具有显著差别。其次表现为社区治理是整个社会治理的基础环节，属于社会治理的前沿阵地。由于其直接面对居民群众，具有零距离了解社情民意和群众需求的天然优势，可以保证在第一时间提供服务、解决问题。社区治理主要是指在基层党和政府的领导下，以社区为基本载体，多个治理主体之间对城市社区公共事务共同进行管理服务的活动，具体体现在城市社区范围内优化社区布局，完善社区治理体制，整合利用社区各项资源，强化社区功能，解决社区问题，逐步促进社区各方面协调和健康发展，不断提高社区居民满意程度与生活水平的过程。

"治理"有好坏之分,良好的治理能够形成社会主体间的良性关系,达成社会发展的共赢和公共利益的最佳状态。良好治理的基本要素主要包括:合法性(legitimacy)、透明性(transparency)、责任性(accountability)、法治(rule of law)、回应(responsiveness)和有效(effectiveness)等方面。

治理的目标取向是"善治",即可以避免"无效治理"并使公共利益最大化的社会管理过程。善治的本质特征,就在于它是政府与公民对公共生活的合作管理,是国家与公民社会的一种新颖关系,是两者的最佳状态。善治实际上是政府的权力向社会的回归,善治的过程就是一个还政于民的过程,表示政府与社会之间的友好合作,它有赖于公民自愿的合作和对权威的自觉认同,要求公民的积极参与,其基础就是公民社会。从这个意义上说,政府对公民的赋权是实现善治的有效手段。善治的基本要素有10个:合法性、法治、透明性、责任性、回应性、参与、有效、稳定、廉洁、公正。这些要素的实现程度越高,善治就越有可能。

2.1.4 公共受托责任理论

随着国家的公共支出占国民生产总值的比例大幅度上升,公众作为公共资源的所有者希望获得政府使用和管理公共资源的效率和效果方面的信息,要求政府加强使用和管理公共资源的经济责任的呼声越来越高,审计可以满足这种需求,从独立的第三者的角度向公共资源的所有者或其代表以及其他利害关系人提供客观公正的信息。国家审计产生于公共受托经济责任关系(Public Accountability Relationship),并随着公共受托经济责任关系的深化而不断得以发展的。受托经济责任按其内容分类,可以分为公共受托经济责任、公司受托经济责任和组织内部受托经济责任。公共受托经济责任是受托管理公共资源的人对其管理的资源所负有的责任。在公共受托经济责任中,委托人是人民,受托人必须按照人民的要求经管受托资源,对人民负责,向人民报告,接受人民的监督。公共受托经济责任的概念是随着民主和法治的产生而产生的,是民主和法治的产物。

公共受托经济责任理论为受托经济责任理论发展的高级阶段。公共受托经济责任理论认为：存在于经济社会的双方，拥有信息优势没有产权的一方称为"代理人"，没有信息优势但拥有产权的一方称为"委托人"，在代理这种契约关系下，一个或更多的人（即委托人）聘用另一个人（即代理人）代表他们履行某些服务，包括把若干决策权托付给代理人。

在现代民主、法治制度下，人民是国家权力的拥有者，社会的一切权力属于人民，一切财富归人民所有。但是，社会财富归全民所有，并不等于人民要亲自去经营管理，授权决策，通过权力机关将公共资源委托给由人民选举的各级政府机关组成的统治者集团来管理，是各国政治体制安排的普遍现象。在这里，委托人是人民，受托人是各级政府机关。政府是人民的政府，国家权力来源于人民，如果把国家权力视为社会资源，社会大众便是这一资源的最初拥有者，即委托人，每个人都拥有一份权力，但又不可能单独行使自己的这一份国家权力，结果为委托人找到政府这一代理人，代理其行使国家权力，从而在社会公众与政府之间形成了委托代理关系，政府作为代理人拥有信息优势，而社会公众作为委托人处于信息劣势。因此，各级政府机关承担的是一种公共受托经济责任，即对人民负责，而不是对上级负责。同样，由于利益冲突和信息不对称的存在，各级政府机关也可能试图谋取自身利益的最大化，逆向选择和道德风险问题将随时存在。于是，人民为了维护其利益，有必要专门设置一个独立于各级政府机关的机构，来对其受托经济责任的履行情况进行审查监督，以确定是否继续给予信任。这一独立机构，就是国家审计机关；而接受人民委托、并对人民负责的国家审计就称为现代国家审计。可见，这是一种自下而上的监督体制，监督权向下负责，代表"民"对"官"进行审计监督制约，反映了民主和法治制度下现代国家审计的实质。

在我国，公共受托经济责任有如下弱点：（1）委托人对国家权力的终极所有权约束弱化。如前所述，委托代理关系是一种契约关系，委托人有权得知自己的行动利益及有权与代理人进行协商、谈判，而现实情况是社会公众并不可能明确知道社会利益中属于自己的部分，同时由于民主制度没有完全成型，委托人的监督约束力度不强，使得受托人可能出现怠于履行职责的情况，出现政府行为的不经济、效率低、效果差，而委托人亲自监督的成本过高，亲自监督方式不可行；(2) 代理人的道德风险与逆向选择问题突出。由于对代理人缺乏有效的监督机制，委托代理关系中具有信息优势的代理人就很容易出现道德风险与逆向选择问题，特别是在我国没有有效的信息传递方式的情况下，委托人与代理人之间的有效约束就很难存在了。

现代国家审计不但因公共受托经济责任的产生而产生，而且因公共受托经济责任的发展而发展。没有公共受托经济责任，也就没有现代国家审计；而没有现代国家审计，公共受托经济责任也难以维系。公共受托经济责任是现代国家审计理论中最关键、最基本的一个概念，是现代国家审计理论的基石；无论是国内还是国外，现代国家审计的产生都以公共受托经济责任为基本前提，其理论和实践也都是随着公共受托经济责任内涵的发展而发展的。公共受托经济责任是国家审计工作的出发点和归宿点。可以说，政府部门的工作人员的公共受托经济责任意识强，国家审计工作就容易进行，国家审计的作用就能得到充分发挥；相反，公共受托经济责任观念薄弱，或缺乏公共受托经济责任观念，国家审计工作就很难进行，国家审计的作用就得不到充分发挥。因此，公共受托经济责任不但是一切审计人员必须明确的概念，而且是以人民利益为宗旨的政府部门及其工作人员必须明确的概念。

2.1.5 国家审计理论

1. 政府审计的本质

政府审计是国家审计机关及其工作人员，依法对受托管理公共资源的各级政府机关和公有企事业单位公共受托经济责任的履行情况进行检查、评价并提出报告的一项具有独立性、综合性和专业性的经济监督活动，是国家经济运行的"免疫系统"，政府审计是政府治理的工具。

政府审计随公共受托经济责任的产生、发展而产生、发展，这就决定了政府审计的总目标是监督公共受托经济责任，其基本职能是经济监督。

政府审计的监督对象是公共资源的受托管理者，包括各级政府机关及公有企事业单位。政府审计以检查、评价公共受托经济责任的履行情况为目标，任何机构或人员，只要其管理的资源属于公共所有，它就承担着公共受托经济责任，就应该接受国家审计的监督。受托管理公共资源的机构或人员，指包括中央和地方政府机构，以及国有的企事业单位及其管理人员。由于其资金或资源主要由国家或地方提供，最终是由人民提供，由此便产生了与这些提供资金或资源有关方面的受托经济责任关系，从而需要接受政府审计的监督。

政府审计需要监督公共资源的受托责任者受托管理资源的真实性、合法性和效益性。受托经济责任是指按照特定要求或原则经管受托经济资源和报告其经营状况的义务。从这一定义可以看出，受托经济责任的内容是一系列的特定要求，这些特定要求就是委托人对受托人行为的期望。由于委托人的期望会随着环境的改变而不断发展，因而受托经济责任的内容也是不断扩展着的。最初，人民只关心取之于民的财产是否用之于民，即只关注公共受托经济责任履行的真实性和合法性。随着民主意识的增强，人民不仅要求"取之于民，用之于民"，还要求在"用之于民"的同时要节约、高效，并达到人民预定的目标，即同时关心公共受托经济责任履行的经济性、效率性和效果性。因此，政府审计作为对公共受托经济责任的有效履行进行监督的机制，应该履行起评价和监督公共受托经济责任履行的真实性、合法性和效益性（包括经济性、效率性和效果性）的职责。

决定政府审计产生和发展的公共受托经济责任与决定社会审计和内部审计产生和发展的受托经济责任是不同的。与社会审计有关的受托经济责任将社会审计定格在商品经济秩序中发挥作用，与内部审计有关的受托经济责任将内部审计定格在企业管理中发挥作用，而与政府审计有关的公共受托经济责任则将政府审计定格在政府治理中发挥作用。也就是说，政府审计的作用不仅是经济的，更是政治的，政府审计是地区经济运行的"免疫系统"。

2. 审计控制理论

"控制"这个词最开始来源于希腊文,罗伯特·维纳(Robert Vena)在1948年发表的《控制论——关于动物和机器中控制和通讯的科学》中,将控制这个词定义为:"为了改善某一个或者某些受控对象的功能或者发展,而需要获得并且使用的信息,并用这种信息作为基础而施加在该对象上的作用"。其控制论就是研究各种系统的控制与调节的一般性规律的科学。

罗伯特·维纳认为,在客观世界有一种普遍的联系,也就是信息联系;在任何组织中之所以能够保持着自身的稳定性,都是由于它所具有取得、使用和保持以及传递信息的方法,换句话说,在信息不断交换的过程中,存在着既能把输入的信息又输送出去,再把输出信息作用的结果又返送到原输入端,同时对信息的再次输出发生影响的一个反馈过程,从而能达到所预期目标的控制作用。控制理论的核心思想就是为了达成一个共同的目的,其原因与结果在不断相互作用的反馈过程。

在自然科学、社会科学、动物机体和企业经济等各类不同领域中都存在着控制。一个完整的控制系统就是要通过对系统中各种信息及变化的实时测量,并能够反馈加以调整、纠正,去实现系统设定的功能、原理。因此,我们可以通过借鉴控制论的一些方法来研究在审计领域中出现的许多问题。例如:审计控制及审计的目的就是查错纠弊,通过审计查证去反映某个部门所存在的严重违规违纪的问题;出于公共受托责任的需要,我们就需要对某些部门或某些事情进行审计,在查出问题时就要进行处理处罚,并责令其改正。在审计之后追踪这些整改决定以进行进一步的审计,直到达到审计的目的为止。这就是审计控制系统中的一种反馈实现机制。

3. 审计独立性理论

审计的灵魂所在就是它的独立性,同时也是现代审计的精髓之处。在我国,审计的独立性还尚有争论,但美国审计独立准则委员会发布的关于审计人员的独立性概念构架,把独立性定义为"不受那些削弱或有可能削弱审计人员做出公正判断力的因素的影响"。总的来看，审计独立性表现为审计本身的独立和审计人员的独立。

独立审计作为一种制度的安排，是包括政府审计机构在内的任何审计组织创设时的依据。审计的独立性是发挥审计监督作用的一个重要保证，审计的实现程度直接由它来决定。如果说审计的独立性没有了，那么审计的许多功能就会被扭曲，从而审计工作就丢失了社会价值。导致审计失真和质量低下的重要原因就是独立性的缺失。审计的独立性对确保审计的质量是十分必要的，独立性在审计人员的审计过程中对他们形成一个正确的判断十分有帮助，如果无法独立，就会随之产生依赖性和倾向性，那么就肯定会影响到审计的质量。而从法理上来分析，审计的独立性是一个正当的法律程序原则的要求。若是社区集体经济审计需要在法治之下运行的话，则正当程序是保证审计程序合法的一个基本出发点。在法律上已经确立的基本原则是正当程序原则，通过这一原则，执法者的公正执法程序设计应当具备"合格、独立、不偏私"的首要特征，它的基本含义通常可理解为执法者（其中包括审计机关和审计人员）不受限于程序活动的一方当事人与任何其他利益集团的干扰和控制。

2.2 国外研究现状

2.2.1 城镇化

1. 城市化或城镇化的定义

"Urbanization"一词一般译为"城市化"，主要用于说明国外的乡村向城市转变的过程。由于"Urban"包含城市（city）和镇（town），世界上许多国家镇的人口规模比较小，有的甚至没有镇的建制，"Urbanization"往往仅指人口向"city"转移和集中的过程，故称"城市化"；中国设有镇的建制，人口规模大多与国外的小城市相当，人口不仅向"city"集聚，而且向"town"转移，这也可以看成是中国特色的城镇化的一个特点，城市化（或城镇化）是一个涉及多方面内容的社会经济演进过程。

2. 城镇化的特征

美国城市地理学家诺瑟姆（Ray M. Northam，1974）揭示了城镇化发展的三个阶段。在城镇化早期和后期阶段，城镇化率提升得十分缓慢，而在城镇化中期阶段，城市人口比重可在短短的几十年内突破50%并上升到70%，显然这是城镇化的快速发展阶段。

一方面，城镇化是社会结构变迁的表征现象，传统乡村社会逐渐转变为以城市为主导的城市型社会，使得各种社会问题在城市延伸、演变和集中；另一方面，城镇化是社会转型和变迁的重要推力，因缺乏动态的调适和治理机制去消解社会系统的结构性压力，城镇化也无可避免地催化、放大和制造大量的社会矛盾和冲突。我国快速城镇化给社会转型带来了不可估量的风险，城镇化的持续健康发展面临着诸多不确定性因素。按照西方发达国家的经验，当城镇化进入一个比较高的阶段后，必然推动政府公共治理机制的重构，治理的转型又进一步促进城市的发展。

2.2.2 社区治理

1. 城市社区治理研究的主要视角与方法

国外研究社区治理主要集中在政治学、社会学、行政管理学、心理学、人类学等学科。研究的侧重点涉及社区居民参与、社区的可持续发展、社区环境对健康的影响、社区文化、社区与政府互动等。既有理念层面的研究（美国社会学家法林顿（Farrington）首次提出"社区发展"概念，加拿大学者马克·罗斯兰德（Mark Rothland）提出的可持续发展框架，还有桑德斯

(Sanders）提出的社会互动模式），也不乏实践研究（如美国学者马克·巴尔达萨（Mark Baldassa）提出的社区满意度研究）。此外，以亨特和米尔斯（Hanter and Mills）为代表的国外社会学家还运用精英论和多元论探讨社区权力的格局。

案例分析法是国外学者用来研究公民参与对城市治理影响的方法之一。马茨通过分析发展中国家的案例，指出"公民参与城市治理相关活动塑造了公民的双重身份，打开其管理视野，强化治理超越国家的理念。"

有国外学者运用社会系统理论来分析社区，认为整个社会大系统内容和结构当中包含社区，因此社区治理结构要与整个社会系统其余组成部分的治理结构互相衔接配合。在社会系统理论视角下社区治理常被视为整体社会治理的一部分，所以要在整体社会系统框架下去理解社区治理。此外，社会系统理论还认为"社区本身也可看作是一个完整的子系统，由不同的组织、单位、人群等组成。并且还提出社区具有六大功能，包括生产、分配与消费、社会化、社会控制、社会参与以及互助。"

凯文·考克斯将大城市治理中存在的问题部分归因于司法资源力量不集中，司法资源分配不平均将影响城市社区的发展，据此提出了政治尺度性的研究方法。

我国台湾学界研究城市社区治理的常见方法有两种，一是比较分析法，例如台湾学者丁仁方将两岸社区建设进行对比后，认为社区治理的组织特征是"邻里行政组织和社区发展协会双规并存"。二是历史分析法，如詹火生等人通过系统梳理台湾过去十多年的社区工作，指出台湾提出的由下而上的社区治理"适用性仍须视社区能力而定。"通过历史分析法得出的结论比较理性与切合实际。

2. 城市社区治理模式的研究

社区发展和社区建设在西方国家具有成熟的经验，在实践中形成了三种不同的社区治理模式，分别是以新加坡为代表的行政主导模式、以日本为代表的混合型模式、以欧美为代表的自治型模式。这三种模式的相同之处体现在：社区治理主体的多元化、社区自治程度日益提高、社区治理更注重公民参与及公民精神的提高、社区治理中重视非营利组织及志愿者作用的发挥（夏晓丽，2011）。

美国城市社会学者索尔·阿林斯基（Saul Alinsky）致力于用符号互动论的方法来研究社区治理组织，通过社区的组织完善社区生活，促进社区不断进步，他主要注重的是社区实践研究。

意大利学者分析20世纪90年代以来政府角色在城市治理中的变化后发现，各级政府开展多种形式的合作，多种利益主体协调，公民和私营部门能够直接参与到城市决策中来的治理结构有利于城市综合治理能力提升和增强城市的竞争力。

2.2.3 社区审计

国外基于审计视角研究社区治理可获取的现成材料不多。不过，国外在多年社区治理实践中探索出了适用于本国的有效路径，形成了一些较为成熟的做法。在欧美国家，社区经济采取的大多是合作社自主管理模式，其事务管理包括经营管理、财务管理等，都带有很强的自治性和独立性，国家在社区治理中发挥的作用和充当的角色并不重要。在德国和匈牙利，强有力的监督主要来自反对党和自由新闻媒体，德国为加强对社区小型合作社的监督，规定必须每两个会计年度审计一次，其中一名审计人员必须是审计协会理事会成员。审计工作内容主要包括合作社经济状况、业务管理以及规章制度的遵守情况。匈牙利在各地区设置了公共事务公署，其最重要的职能就是监督基层政府的决策和行为并使之合法合规，不过它无权评判基层政府行为恰当与否，也无权责令撤销修正不当行为，如有异议，可向法院提起诉讼。荷兰则是通过具有自治性质的"农民联合会"对村级财务进行审计。

而在菲律宾，政府对合作社不提供任何审计服务，形式和实质上独立的会计师事务所是政府指定唯一可以对合作社进行审计的机构。同属于亚洲国家的日本为防止各种不法行为，农协中央会制定了统一的财务会计制度。同时，农协的财务还受到来自监事会、理事会、各级中央会、农林水产省等多个层次的监督和审计。韩国 20 世纪 70 年代推行的"新村运动"对于我国社区建设具有较好的借鉴意义。为推动和保障"新村运动"安全高效运行，韩国审计监察院对"新村运动"过程中的监督对象、范围、方法、信息分析和反馈制度等都做了明确规定，并取得了明显成效。

通过对以上各国具体做法的分析可以看出，对社区审计、社区治理的规定各不相同，在很多方面与我国国情不相适应，因而不能盲目地套用。当前在参考取舍国外做法利弊的同时，最主要、最有效的方法还是基于中国具体实践，探索总结出适合本国国情的审计模式和方法，更好地发挥其在推进社区良好治理中的积极作用。

2.3 国内研究现状

2.3.1 新型城镇化：城市化与发展困境

"新型城镇化"一词由来已有十余年，公认最早是伴随党的十六大"新型工业化"战略提出，主要是依托产业融合推动城乡一体化（李程骅，2012）。然后，"新型城镇化"被广大百姓熟知是在党的十八大，特别是 2012 年中央经济工作会议首次正式提出"把生态文明理念和原则全面融入城镇化全过程，走集约、智能、绿色、低碳的新型城镇化道路"，并将其确立为未来中国经济发展新的增长动力和扩大内需的重要手段之后，才越来越受到各行业和学界人士的关注。"新型城镇化"是在"传统城镇化"概念基础上进一步展开而来的（单卓然等，2013）。自新中国成立以来，我国传统城镇化大体经历了顺利与超速、倒退与停滞、快速与稳定 6 个阶段（方创琳等，2008），总体上实现了城镇化的快速发展，但是持续高速的传统城镇化进程遗留了众多历史性问题，城市人口猛增、土地失控、农田被吞噬

(吴良镛，1999)；城市人口猛增带来的治安艰难、基础设施不足、交通堵塞、医疗教育薄弱，居民生活质量不高（姚士谋等，2014），只有数量没有质量（周干峙，2006），这些都暴露了城市管理体制问题。

新型城镇化的研究目前主要集中在新型城镇化的内涵、新型城镇化发展战略与路径、新型城镇化与产业发展的关系、新型城镇化的低碳发展等方面，另外对新型城镇化发展水平测度方面的研究较少，研究范围以省域居多，涉及全国层面的研究极少，研究方法以定性分析为主，定量分析较少。传统城镇化水平的评价指标主要涉及人口、经济、空间三方面，体现在城镇人口、城镇数量、城镇用地等数量规模上的扩张。除了传统城镇化数量上的扩张，新型城镇化水平的评价更要侧重城镇化质量的提升。科学评价新型城镇化的发展水平是制定新型城镇化发展战略、发展路径的基础。新型城镇化如何测度、如何通过新型城镇化带动经济发展已经成为亟须深究的问题。

新型城镇化打破了原有的城市社会管理模式，如何在社会结构发生根本性转变、社区人员构成日渐多元化、居民精神物质需求日益多样化、各类社会矛盾聚焦在城市社区的情况下完善社区治理体制与社区服务功能，以充分发挥城市社区在社会管理中的积极作用，是当前关系城市基层社会和谐稳定最集中、最突出的问题。推进新型城镇化进程中的社区治理创新不仅是重构政府与社会关系的重要途径，也是提升政府公共管理水平、提高社会治理能力、推进城乡一体化的重要标志。

2.3.2 社区治理：发展演变和现实困境

1. 社区的特点、互动与变迁

萨脱斯（Suttles，1968）等人认为当代城市中确实存在着具有地域范围的社区。当代城市社区存在着从传统社区或俗民社会向"有限责任社区"转变的趋向，因此重塑社区精神、培育社区意识已成为促进城市社区持续运行的重要任务（康纳利，1985；凯萨达·安尼威茨，1974）。根据对内城居民群体特征和需求取向的分析，内城至少存在4种不同的社区类型，即寄宿区、种族村、贫民窟（黑区）和灰区（甘斯，1977）。马勒（Muller，1981）根据郊区居民的社会经济特征和社会互动方式，把美国郊区社区分为4种类型：第一类是通常位于城市远郊的排他性的高收入社区；第二类是美国郊区非常普遍的中产阶层社区；第三类是郊区世界主义者社区，它是由各类知识分子组成的志愿性社区，主要出现在与若干高等院校和科研机构毗邻的郊区；第四类是工人阶级社区或蓝领阶级社区。对西欧城郊社区类型进行系统研究的主要代表人物是怀特（1984），他把西欧的郊区社区分为4种类型：工业郊区、中产阶级郊区、通勤村庄和新工人阶级郊区。西欧郊区社区的分化更多地受到经济因素的制约，排他性的高收入社区较少。

西方学者有关城市社区互动的多数研究，往往侧重于对特定社区互动关系的个案分析以及对城市中特定社会网络的分析，对城市社区互动规律的理论研究仍然比较薄弱。美国学者桑德斯（1982）提出的社会互动模式是这方面具有重要影响的理论成果。桑德斯把社区作为一个复杂的开放系统，社区运行受到各种环境因素的影响，主要包括6个方面：社区的自然生态环境、社区的人口统计特征、社区文化或社会遗产、社区人格特点、时间因素和社会背景。

社区变迁研究主要是以新古典经济学观点为基础、以发达的资本主义市场经济为背景的研究，对不同经济社会体制下城市社区变迁问题尚未引起重视。社区互动研究则是从一般意义上的社区概念出发的，因而对城市社区的互动规律缺乏深入的理论提炼。国外有关成果基本上就是以发达国家为背景获得的，不同经济社会类型的国家间的城市社区比较研究尚未得到重视。与此同时，对城市社区概念的不同理解和界定，也在很大程度上影响了这些研究的理论意义和实践价值。

2. 社区治理的困境

社区治理是一个逐步发展的过程，与"社区"和"治理"两个概念的提出紧密相连。社区是有着相同价值取向、人际关系亲密无间、人口同质性较强的共同体（腾尼斯，1887）。1989年世界银行在讨论非洲发展时首次提出"治理危机"，此后，"治理"这一概念风行于学术界。在西方学术界，社区治理通常指的是在一定区域范围内政府与社区组织、社区公民共同管理社区公共事务的活动。在国内，21世纪初，不同学科的专家学者开始大规模地介入社区治理研究，主要从公共权力配置与运行（徐勇，2003；卢福营，2010）、社区治理的内涵及治理模式（魏娜，2003；王方等，2008；刘铎，2009；厦建中，2010；李冬泉等，2012；赵守飞等，2013）和不同治理主体在社区治理中的作用与影响（花蕾等，2008；厦建中，2010；邓念国，2013）角度进行研究。《中华人民共和国城市居民委员会组织法》颁布实施后，中国各地开始了以社区自治为主要标志的社区治理实践活动（董颖鑫，2013）。但由于社区自治是一种自上而下的制度供给而非城市社会的自发行为，在嵌入城市社会的过程中难免出现摩擦，表现出优越性但也面临大众民主难以有效推行的种种困局（王瑞艳，2012）。保证居民知情权、参与权和监督权是大众民主的基础（林丽娜，2012），可以增加政策执行的透明度、信息反馈的及时性和节约交易成本（丁煌、杨代福，2012）。但一直以来，社区治理都被信息失衡所困扰（王守智，2008）。2016年2月中共中央办公厅、国务院办公厅发布《关于全面推进政务公开工作的意见》，但在实际中，出现了社区组织垄断了社区信息（王世兴，2011），导致居民参与不积极，社区财务公开质量不高（周燕玲，2012），公开流于形式，缺乏真实内容（徐雪峰，2013），反馈渠道不通畅（宋海青，2013）等制度运行不力的问题（杨沛艳，2011）。目前社区治理仍面临角色错位、资源匮乏、参与不足三大难题；随着新型城镇化的推进，将使社区治理的事务更加复杂，治理成本更高，治理难度增加（朱玉伟，2013；严志兰等，2014）。

3. 新型城镇化下社区治理在国家治理体系中的地位和作用

新型城镇化是人类社会走向现代化的必由之路，也是当前中国经济社会发展的重大战略。推进新型城镇化离不开地方政府治理转型，而地方政府治理变迁也离不开新型城镇化进程。两者之间存在着一种表征关系，即不只是新型城镇化影响了地方政府治理，而且地方政府治理变迁本身属于新型城镇化过程。在新型城镇化进程中，地方政府得以强化公共服务与社会管理等本质职能，而且还可实现治理体制机制的超越与创新。相应地，地方政府必须从产业、空间与人口等城镇化各要素协调发展出发，推进职能转型，并在重构自身与市场、社会关系的基础上，创新治理体制机制，以更好地回应新型城镇化并促进新型城镇化发展（郁建兴、冯涛，2011）。

《中华人民共和国宪法》第111条规定："城市和社区按居民居住地区设立的居民委员会或者村民委员会是基层群众性自治组织。居民委员会、村民委员会的主任、副主任和委员由居民选举。居民委员会、村民委员会同基层政权的相互关系由法律规定。"《中华人民共和国城市居民委员会组织法》明确规定："居民委员会是居民自我管理、自我教育、自我服务的基层群众性自治组织"。在国家社会治理体系建设中，社区是一个非常关键的环节，社区是城乡人民生活的基本单元和细胞，是基层社会治理的重要载体，社区治理在国家社会治理中起着举足轻重的作用。一方面，社区治理是国家治理体系与治理能力的重要基石；另一方面，社区治理现代化是国家治理现代化的重要体现，只有基层社区实现了有效治理，才能实现整个社会治理的现代化。当前，社区治理创新是社会治理改革的关键突破口，社区治理创新的本质就是基层社会管理方式的改革。

2.3.3 审计全覆盖与社区审计：理论探索与实践

1. 公共资源的审计全覆盖

党的十八届四中全会提出，对公共资金、国有资产、国有资源和领导干部履行经济责任情况实行审计"全覆盖"。《国务院关于加强审计工作的意见》和《国务院关于完善审计制度若干重大问题的框架意见》也提出了审计监督"全覆盖"的总体要求。在"国家治理体系和治理能力现代化"的背景下，国家审计制度体系和国家审计能力如何实现现代化，特别是如何总结创新科学的审计工作机制，对实现公共资金、国有资产、国有资源和领导干部经济责任情况审计"全覆盖"的战略目标，具有决定性的意义。

公共资金主要指公共财政资金和其他社会公共资金，是通过税、利、费、债方式筹集和分配的资金。公共资金不仅包含所有财政资金，还包括住房公积金、住宅维修基金、社会捐赠资金等政府管理或委托其他单位管理的其他公共性资金。根据流动性的考量，公共资金不仅包括已经发挥公共服务职能的流动资金，也包括未发挥公共服务职能、未能及时按照预算进度执行的结余的存量资金。公共资金审计全覆盖就是要通过发挥国家审计的预防、揭露、抵御职能作用，通过对全部公共资金管理使用中真实性、合法性、效益性的监督检查，发现公共资金管理使用中的普遍性、倾向性、苗头性问题，进而促进公共资金的规范使用管理，发挥国家审计在推动完善国家治理能力和治理体系现代化中的职能作用（刘振峰，2015）。

在对公共资源进行审计全覆盖过程中，审计"全覆盖"的实现机制应分解为五大工作机制，即重点审计对象的横向"全覆盖"工作机制、审计主客体的纵向"全覆盖"工作机制、审计权力监督的"全覆盖"工作机制、大数据视角下的"全覆盖"工作机制和审计的整体威慑性"全覆盖"工作机制，并探讨了审计监督新型工作机制中重点审计对象的"点、线、面"结合和"纵、横、合"协调的"全覆盖"具体路径，以及大数据环境下的审计创新和审计整体功能的发挥，试图创建全方位、宽领域、多维度、立体式的审计监督新体系，把审计监督全覆盖真正落到实处（付忠伟、黄翠竹，2015）。

大数据时代的来临、审计全覆盖的形势下，迫使审计人员创新审计思路，努力适应大数据背景下审计工作的需要。（1）紧跟信息流向。在大数据背景下，要充分利用信息化的手段，关注资金、物资业务的走向，从中发现疑点，深挖严查。（2）转换审计组织方式。在大数据环境下，审计组织管理方式要注重整合审计力量，在街道审计所、甚至区县审计局系统范围内抽调业务骨干成立审前调研组、数据攻关组、审计核查组，探索"集中分析、发现疑点、分散核查、系统研究"的审计模式，提高社区审计质量和效率（杨爱梅，2015）。

2. 社区审计：制度困境与政策建议

国外社区审计相关研究主要集中于资源配置和公共权力的审计监督上。审计作为确保公共受托责任履行的一种控制机制，已被各级政府和街道、社区所使用，但我国社区作为民间自治组织，缺少明确的审计制度约束。国内学者们普遍认为，我国社区财务的内部和外部监督相对不足，存在制度困境。

在外部，区县级审计机关面临人少任务重的现实困境，对街道办、社区的审计难以全面兼顾，为此需要区县审计局统筹安排项目，整合审计资源。(1) 统筹制定好审计计划，实行动态管理。将街道办事处、社区等审计对象分为重点审计对象、一般审计对象、跟踪审计对象、内审对象，制定中长期计划，实行动态管理。梳理摸清哪些公共资金、国有资产和国有资源的管理领域还存在审计监督的盲区，并分析审计监督已覆盖领域审计周期的合理性。(2) 充分整合审计资源。将审计系统的内部审计资源进行整合，优化人力资源配置，积极利用成果资源，包括已审和正在审的成果资源，实现资源共享；将审计局的内部审计资源进行整合，根据审计任务需要，适当进行人员内部调配利用；将国家审计、内部审计、社会审计资源进行整合，构建三位一体的审计监督新模式，实现资源利用的最优化（姜声智，2015）。同时街道审计所也是社区财务审计监督的主要力量，但街道办事处审计力量配备不强，审计队伍专职化率不高（叶金梁，2012），而社区自身审计机构队伍建设滞后，没有配备专职审计人员（林志英等，2010）。在针对社区财务、经济责任等内容进行审计时，普遍存在审计项目狭窄、不到位等情况（郭赢政，2012），对审计结果也缺乏公示制度（陈德俊，2007）。最后，学者们提出四个方面强化社区审计的建议：第一，将社区审计纳入政府审计范畴，发挥政府审计在政府治理中的作用（陆凯，2012），但主要障碍是缺乏法律依据（白海峰、杨少峰，2010）；第二，委托注册会计师进行社区审计（陈德俊，2007）；第三，将社区审计定位为内部审计（林志英等，2010）；第四，综合政府审计、内部审计和民间审计的优点，建立新的社区审计监督机制（闫晋洁，2013）。

3. 审计全覆盖下社区审计对社区治理的影响

国内外学者较少直接研究社区审计与社区治理的关系与作用，仅发现：社区绩效审计能够提供社区管理建议，提高社区治理效率（盛良，2013）、政府审计能够促进乡村治理（陶其东，2013）。在社区公共资源的审计全覆盖下，对社区审计结果需要建立健全整改督导机制和健全成果利用机制（姜声智，2015）。其认为应将社区审计整改工作纳入区县督查范围，纳入各街道办事处的目标考核，纳入责任追究问责范畴，建立审计发现问题整改督查机制、考核机制、问责机制，促进整改落实率的提高；同时完善审计结果公告制度、审计信息公开制度、审计发现问题问责追究制度、经济责任审计成果综合运用制度、审计要情专报制度、审计案件线索移送管理制度，促进审计成果综合运用。审计结果公告制度的确立表明我国民主政治的发展进入了一个新的阶段，公告的实施为打破传统自上而下的监督模式提供了信息条件，为构建新的监督模式打下了基础（刘静，2015）。能否有效地把审计监督与社会舆论监督结合起来，促进依法行政和政务公开，发挥出自下而上的监督作用，增强监督合力和实效，不仅取决于公告制度本身，还取决于公民参与的意识和程度。按公民参与的目的将审计结果公告的公民参与策略分为实施决策参与策略和问题跟踪参与策略两类，希望通过二者的结合最终促使政府及公共部门提高服务水平，从根本上维护国家利益和社会公共利益，促进社区善治。虽然国家审计促进国家治理的功能已在政府部门和学界形成共识（刘家义，2012；陈英姿，2012；冯均科，2011；李明辉等，2013；蔡春等，2012），但是这种功能在城市基层社区层面的实现路径与影响机制还缺乏深入探讨和系统研究。

2.4 研究述评

总体而言，我国学术界对新型城镇化下社区审计与社区治理的探讨尚属起步阶段，研究社区治理的学者注意到了快速城镇化下监督失效对社区治理的不利影响，但已有研究尚未关注社区审计对社区治理所起的重要作用；既缺乏对社区审计的针对性和指导性，又缺少社区审计与社区治理的实践分析。并且新型城镇化将打破原有的城市社会管理模式，如何在社会结构发生根本性转变、社区人员构成日渐多元化、各类社会矛盾聚焦在城市社区的情况下完善社区治理体制与社区服务功能，是当前城市基层社会亟待破解的重大现实问题。总体而言，我国学术界对新型城镇化下社区审计与社区治理的探讨尚属起步阶段：（1）研究社区治理的学者注意到了快速城镇化下监督失效对社区治理的不利影响，但尚未关注社区审计对社区治理所起的重要作用；（2）研究社区审计的文献大多为现状、问题、对策的描述，没能从治理的高度谋划审计，研究缺乏理论深度；（3）在审计模式的选择上也没有考虑各地区经济文化水平差异等外部因素的影响；（4）在社区审计的制度设计上，注重单一目标的解决方案，没有设计出一整套社区审计实施机制，涉及审计主体定位，审计职能设计，审计目标，审计对象，审计人员，经费和质量保证等有效的运行机制，研究缺乏系统化。因此，对于新型城镇化、审计全覆盖下社区审计与社区治理的作用机理与实施路径研究将是一个非常值得探讨的课题，它不仅具有重要的学术价值，也具有较强的应用价值。因此，现有文献的研究结论并不能真正地为社区治理政策的制定提供理论依据和决策参考，但正是因为上述不足的存在，给本书的研究提供了空间。

第 3 章

审计全覆盖背景下社区审计的发展现状及其发展趋势

3.1 我国社区审计的制度演变

2014年中央纪委机关、中央组织部、中央编办、监察部、人力资源和社会保障部、审计署、国资委联合发布《党政主要领导干部和国有企业领导人员经济责任审计规定实施细则》，明确规定审计机关可以对村党组织和村民委员会、社区党组织和社区居民委员会的主要负责人进行经济责任审计。

2015年12月中共中央办公厅、国务院办公厅印发了《关于完善审计制度若干重大问题的框架意见》及《关于实行审计全覆盖的实施意见》等相关配套文件，并发出通知，要求各地区各部门结合实际认真贯彻执行。加大改革创新力度，完善审计制度，健全有利于依法独立行使审计监督权的审计管理体制，建立具有审计职业特点的审计人员管理制度，对公共资金、国有资产、国有资源和领导干部履行经济责任情况实行审计全覆盖，做到应审尽审、凡审必严、严肃问责。到2020年，基本形成与国家治理体系和治理能力现代化相适应的审计监督机制，更好发挥审计在保障国家重大决策部署贯彻落实、维护国家经济安全、推动深化改革、促进依法治国、推进廉政建设中的重要作用。

按照协调推进"四个全面"战略布局的要求，依法全面履行审计监督职责，坚持党政同责、同责同审，对公共资金、国有资产、国有资源和领导干部履行经济责任情况实行审计全覆盖。摸清审计对象底数，充分考虑审计资源状况，明确审计重点，科学规划、统筹安排、分类实施，有重点、有步骤、有深度、有成效地推进。建立健全与审计全覆盖相适应的工作机制，统筹整合审计资源，创新审计组织方式和技术方法，提高审计能力和效率。审计机关要依法对政府的全部收入和支出、政府部门管理或其他单位受政府委托管理的资金，以及相关经济活动进行审计。主要检查公共资金筹集、管理、分配、使用过程中遵守国家法律法规情况，贯彻执行国家重大政策措施和宏观调控部署情况，公共资金管理使用的真实性、合法性、效益性以及公共资金沉淀等情况，公共资金投入与项目进展、事业发展等情况，公共资金管理、使用部门和单位的财政财务收支、预算执行和决算情况，以及职责履行情况，以促进公共资金安全高效使用。

建立健全审计与组织人事、纪检监察、公安、检察以及其他有关主管单位的工作协调机制，把审计监督与党管干部、纪律检查、追责问责结合起来，把审计结果及整改情况作为考核、任免、奖惩领导干部的重要依据。对审计发现的违纪违法问题线索或其他事项，审计机关要依法及时移送有关部门和单位，有关部门和单位要认真核实查处，并及时向审计机关反馈查处结果，不得推诿、塞责。对审计发现的典型性、普遍性、倾向性问题和提出的审计建议，有关部门和单位要认真研究，及时清理不合理的制度和规则，建立健全有关制度规定。领导干部经济责任审计结果和审计发现问题的整改情况，要纳入所在单位领导班子民主生活会及党风廉政建设责任制检查考核的内容，作为领导班子成员述职述廉、年度考核、任职考核的重要依据。有关部门和单位要加强督促和检查，推动抓好审计发现问题的整改。对整改不力、屡审屡犯的，要与被审计单位主要负责人进行约谈，严格追责问责。各级人大常委会要把督促审计查出突出问题整改工作与审查监督政府、部门预算决算工作结合起来,建立听取和审议审计查出突出问题整改情况报告机制。审计机关要依法依规公告审计结果,被审计单位要公告整改结果。

审计作为确保受托责任履行的一种控制机制,已被各级政府和街道、社区所使用,特别是在审计全覆盖背景下,在社区财务收支、经济责任、服务绩效等方面开展审计,为明确社区职能定位、完善社区各项制度、健全社区服务体系发挥了重要作用;必须在新型城镇化背景下确保社区审计对社区治理的创新与重构,依然是严峻、急迫的任务。

3.2 我国社区审计的发展现状、问题及原因分析

3.2.1 我国社区审计的发展现状

在理论界,街道审计所是社区财务审计监督的主要力量,但街道办事处审计力量配备不强,审计队伍专职化率不高(叶金梁,2012),而社区自身审计机构队伍建设滞后,没有配备专职审计人员(林志英等,2010)。在针对社区财务、经济责任等内容进行审计时,普遍存在审计项目狭窄、不到位等情况(郭赢政,2012)。在内部,部分社区的集体资产产权不明晰,居民作为资产所有者地位虚置,居民对本社区的集体资产很少有知情权、参与权和监督权(林志英等,2010)。作为代理人的居委会成了天然的、事实上的、司法支持的集体资产管理受托人,甚至成了事实上的资产所有者,对审计结果也缺乏公示制度(陈德俊,2007)。作为集体资产的所有者和社区公共资源的提供者,居民应是社区财务审计监督的"积极的"责任人,但由于居民民主监督参与力不够,民主理财能力不强,其监督有效性一直较低(林志英等,2010)。为强化社区审计,学者们提出了四个方面的建议:(1)将社区审计纳入政府审计范畴,发挥政府审计在政府治理中的作用(陆凯,2012),但主要障碍是缺乏法律依据(白海峰,杨少峰,2010);

(2) 委托注册会计师进行社区审计（陈德俊，2007）；(3) 将社区审计定位为内部审计（林志英等，2010）；(4) 综合政府审计、内部审计和民间审计的优点，建立新的社区审计监督机制（闫晋洁，2013）。同时国内外学者较少直接研究社区审计与社区治理的关系与作用，仅发现：社区绩效审计与社区管理建议（盛良，2013）、政府审计与乡村治理（陶其东，2013）。更多成果集中在国家审计与国家治理：国家治理的目标决定国家审计的方向（刘家义，2012），国家治理模式决定国家审计的形态（陈英姿，2012）；国家审计是国家治理的工具（冯均科，2011），作为国家治理的重要组成部分（李明辉等，2013），应服务国家治理（蔡春等，2012）。

在实务界，2014 年 CQ 市 TL 区 DC 街道在开展党风廉政建设中，推出了村（居）干部年度审计制度，及时发现少数干部在经济上的违法违纪行为，通过严肃处理，收到了挽救、教育、警示的效果。街道社区和行政村承担了国家、市、区和街道下达的乡村公路、人行便道、村卫生室、村行政服务中心、水利设施、征地拆迁、宅基地复垦等经济社会发展和公共建设项目建设任务，涉及的资金多达 2000 多万元。为了防止社区干部出现贪污和违规挪用借支，街道党工委、纪工委事前敲警钟，通过组织社区干部廉政谈话、上廉政党课、参观廉政教育基地，举行廉政知识竞赛帮助村（居）干部筑劳思想防线。与此同时，街道配套建立起了工程、项目公开招标发包制度、村（居）监督委员会制度、村居务公开制度、村（居）务民主听证会制度和村（居）财务管理制度，把权力关进制度的笼子，防止干部以权谋私。村（居）干部任期为 3 年，过去主要施行的是村干部离任审计。现在增加了年度审计，对现任村（居）干部任职期间的财务开支、集体资产情况进行全面审计。有利于及时发现问题，强化党风廉政建设。在年度审计中，街道纪工委牵头，组织财政、农业等部门审计包括支出是否合理，票据是否合规，程序是否合法等内容。通过年度审计，发展问题及时纠正整改，并将审计结果向群众公布上墙，接受群众监督。但是，在资金投入、管理及使用方面依然存在着许多问题，比如资金投入不能及时到位、并且被挪用和挤占；投资的渠道增多、资金较为分散；资金在使用效益方面不佳等。其中，社区的财务审计管理体制还不够健全，相关的配套法律法规也并未完善，这样造成了社区的审计人员在工作中缺乏一套具体的法规指导，而且社区财务管理的不规范和不统一现象也时有发生，再加上多数社区审计人员的自身业务和专业素质偏低，这样导致了社区财务审计环境不容乐观。正是这样薄弱的审计环境，从而产生了相对应的审计模式的不合理。当前社区财务审计其主要还是由国家的审计机关及街道办财政所的内部财务审计为主。

HN省CS县审计局根据CS县人民政府办公室《关于下达2014年委托审计项目的通知》，组织HNXX会计师事务所有限公司对XS街道FDL社区、XC社区、JML社区、HB社区、SY社区5个社区党支部书记和社区主任2012～2013年期间的经济责任审计，并于2015年10月披露了这5个社区的经济责任审计报告。

近几年，一些区县还在坚持社区集体资产"四权不变"前提下，在社区中推行财务审计的委托代理制度，主要以街道办事处财政所、审计所或会计师事务所为主体，代理社区"三资"的审计工作，并对其财务管理的活动进行监督；虽然这样的审计模式对社区的稳步发展起到了积极作用，但是随着社区的财务审计数量和范围的不断增加，这样的审计模式不断暴露出许多的不足之处，就比如街道办事处与会计师事务所二者之间缺少交流与合作，没有一定的弥补措施，造成社区财务出现审计盲区和重复审计的现象也时有发生。随着社区审计业务范围的逐年扩大，信息化程度的提高，依靠传统的审计经验进行审计的方法已经无法适应当前的社区财务状况，需要运用计算机信息化技术去调整和改变审计模式，进一步提升审计的效率。

3.2.2 我国社区审计发展中存在的主要问题

在社区审计的开展过程中，我国社区主要存在以下问题：

（1）财务工作的基础不够完善，监督有待加强。社区财务缺乏一定的工作基础，在进行一些基本的财务处理时，也缺乏规范性。目前社区财务处理中，存在会计制度不完善、科目设置及记账不标准、没有对单据进行健全的审查、财务处理水平低下等问题，这也阻碍了社区审计工作的运行。此外，社区财务也缺乏必要的监督，部分社区没有建立透明化的财务处理机制，出现隐瞒虚报的问题，而居民很难准确知晓当地的财务信息。部分财务单位仅仅设置了财务体系，却没有得以落实，很难发挥出对财务工作者予以兼顾的功能，部分社区在处理财务时，没有遵循相关的法律法规，然而因为没有完善的监督体系，未形成合理的管理机制，所以这种现象便长期存在，阻碍了社区经济的进步。

（2）社区在进行审计活动时，没有完善的法规机制作为依据，缺乏标准性。现阶段仍旧未能成立符合社区发展的法规体系，在进行审计活动时便没有相应法律作为支撑。此外，社区财务审计的工作性质大多是一种内部审计，且是街道办事处财政所、审计所提供的一种服务。分析其运行的状况能够看出，现阶段社区仍旧未能组建专业化组织，未能设置完善的制度体系。在这种情况下，大量的缺陷使得社区审计很难实现长久发展，也不能满足社区经济发展的需求。

（3）没有形成规范的审计流程。部分社区并未设置完善的中、长期审计规划，也并未制定详尽的运行方案。同时针对审计方面的文件、审计后的报告，并未按照规定予以保存、登记。而审计通知书、报告、成果等方面的文件未能按照规定的流程，也并未按照《审计法》的要求，予以登记、存储。

（4）审计工作者的素质不高，审计能力有待提升。现阶段，一些社区的审计工作人员专业化程度不足，不能准确的知晓相关审计方针，且职业道德有待加强，他们在对财务进行审计时并未付出自己全部的努力。同时审计机构也未能做到培训工作，部分审计工作者的思想落后，具备的专业知识较为陈旧，审计能力有待提升，且审计工作者具备的专业性知识也很难在实际工作中得以运用。部分审计人员仅依据审计流程而工作，没有主动挖掘审计中存在的问题，更不具备相应的能力弥补解决问题，由此社区审计活动便停滞不前，进而使审计跟不上财务发展，使得审计质量及能力难以实现发展。

根据对 CQ 市 SPB 区 SPB 街道、XLK 街道、TXQ 街道、QJG 街道等街道下属社区的实地调研，并对其财务审计监督的实际情况进行了调查，归纳出下列存在的几个问题：

（1）社区存在比较严重的债务问题。在调查中有大部分的社区存在着不同程度的负债问题，超过占总调查的半数，并且大部分的社区有负债进一步扩大的趋势。社区债务缺口大，严重影响了社区集体经济的发展。

（2）社区财务审计相关工作的独立性较差。从现实情况来看，部分社区审计活动无法独立完成，需要相关机构来执行，且多为街道办事处审计所。且有超过一半的街道办事处对社区的财务审计工作有干预。其原因就在于，街道办事处主要负责集体经济的管理及财务相关工作，所以在这种情况下，街道办事处还要同时去负责社区审计的工作，这样既管理又监督，不符合审计的独立性原则，难免会与审计工作发生冲突。最后，由于街道办事处在行政方面受区县政府的领导，在管理业务上受区县政府各部委的指导，这种双重的领导体制就会对审计的独立性产生严重的影响，这也就导致调查中有超过半数的受访者认为社区的财务审计会受到街道办事处干预。

（3）财务人员的岗位设置不明确且专业素质有待提高。部分社区会计和审计人员居然是同一人担当；且有的社区并未设置专门的财务审计人员；其中，在设置专门财务审计人员的社区中发现，多数社区的审计人员专业水平不高，不能及时发现和解决问题，占了将近一半的比例；同时，还存在着审计人员对审计相关制度内容不熟悉与审计人员不能按程序对财务报表进行审查并签字；少数社区的财务报告、审计报表等相关资料没有专柜妥善保管；审计离任时，大部分的社区都严格按交接手续完成交接，只有少数的社区干部在换届或离任时都没有进行离任时的审计。同时有的社区根本不按时参加审计等相关活动，在离任或换届时账目交接不按时或不规范，相应手续不齐全；公款吃喝，铺张浪费等现象普遍存在，从而滋生腐败，导致居民与干部关系紧张。这些与社区财务人员的素质偏低、岗位的设置和职责的安排不够合理有一定关系，也与对社区干部的制度制约较少有一定的关系，从而造成局面的混乱。

（4）社区审计报告公开制度已普及，但效果欠佳。在这个问题上，社区基本做到了财务的公开，但只有半数社区审计人员对社区审计报告结果表示满意：几乎所有的社区都对审计结果公开表示支持，却还有多数的社区无法做到不定期进行财务审计公开。很多社区在遇到上级"微服私访"的时候，就做表面功夫，公开一些无关紧要的事情，走程序化而已；从群众的角度，他们本应知道的信息却依然无从知晓，而矛盾依然存在，财务依旧混乱。

(5) 民主理财监督制度还不够健全。通过调研得知，有超过半数的社区设立了民主理财监督小组，这与社区有民主理财监督制度的情况基本一致，其中理财小组在审查社区经济业务原始单据后，少数社区无法做到每个组员签字盖章。理财小组形同虚设，虽已设立，但根本起不到约束与监督的作用。

3.2.3 我国社区审计中存在问题的原因分析

(1) 社区财务管理缺乏制度保障。在新型城镇化建设下的社区财务管理制度正在逐步完善中，但仍然存在着影响财务管理制度执行的因素，这样使得其缺乏保障，主要表现在几个方面：一是居民的自主监督管理体系还处于萌芽阶段，发展缓慢；二是社区居民委员会和居民在财务方面的问题上沟通较少，从而使其无法有效开展社区财务公开工作；三是社区财务人员的专业素质偏低，没有能力做好社区账务。综上原因，导致了社区财务管理制度无法顺利的实施，管理工作的混乱等一些负面现象的出现。绝大部分社区财务管理及支出主要交由领导决定，由此一来就会产生许多问题，如社区土地承包款收不齐，长期拖欠，严重影响社区集体经济的发展。

(2) 法制观念淡薄，权力制衡相对缺乏。在社区，有的社区干部法制观念十分淡薄，甚至有些干部根本不懂法律，相关经济往来只有社区居委会内部成员知晓，而不对外公开。以至于权力过度的集中，导致监管失控。与此同时，部分干部思想素质偏低，滥用职权，擅自挪用公款，贪污腐败，严重侵害了居民的权利。

(3) 社区管理者财务管理水平低下。当前，大部分的社区干部整体的素质偏低，文化程度不高且年纪较大，缺少带领居民共同致富的能力。有些社区干部的能力差，缺乏相关的知识，导致财务资金无法得到有效的使用；而且各方面基础比较薄弱，会计与审计人员素质较差。有的社区审计监督规范化的管理不当，制度不完善；由于基层社区的任务繁多，且在人员配备上也少，在平常未能经常性的开展业务学习，进而造成财务人员的业务素质较差，从而无法严格履行职责，由于对业务知识的一知半解，使账务处理上有所不当，进而造成了违纪违规的现象较为普遍。

（4）社区民主理财的意识不强。一方面看，有的社区领导者的"家长制"作风十分严重，独霸一方，用独权专权代替民主，而没有让居民去参与社区财务管理的意识，也没有健全和完善民主治理的体制。从另一方面看，大多数的居民在法制与参政方面的意识不够强，参与新型城镇化建设方面的积极性和主动性不高，且部分居民甚至认为新型社区建设应该属于社区干部与街道办事处的事，仅仅关心自己从中能够得到多少实惠，而对集体的利益不重视，缺少对社区集体和干部是否能按政策去依法依规进行办事的监督。

3.3 审计全覆盖下我国社区审计的发展趋势

3.3.1 审计全覆盖

新公共管理理论表明：公共管理是由决策、执行、监督共同构成的管理体系，三者既相互制约又相互协调。任何一项管理活动都是先决策、后执行、再监督；监督后调整决策，纠正执行，三者形成一个封闭的循环管理圈，使公共管理活动不断改进和完善。监督是管理活动中的一项重要的组成部分，决策和执行不能离开监督，监督制约着决策和执行，这就是"有权必有责、用权受监督"的理论依据。政府及其部门是国家公共管理的主体，承担着经济管理、经济调控和经济监督等重要职能，对公共资金、国有资产、国有资源的使用和配置具有决策权和执行权，这些权力涉及各级政府及其部门，涉及国有企事业单位，具有多样性和广泛性的特征。用权者无论职务高低，行权事无论事大事小，都必须接受监督，这既是公共管理理论的要求，也是国家管理活动的必要。审计属于国家监督控制体系范畴，是国家权力制约的一项基本制度。《国务院关于加强审计工作的意见》也提出"对公共资金等实现审计监督全覆盖"，这是中共中央、国务院在经济新常态下对国家审计机关寄予的厚望和提出的新要求，也是国家审计机关在经济新常态下履行审计监督职责的必然选择。

实现在社区审计领域全覆盖，围绕社区的财政资金使用和公共权力运行，实现预算执行审计、经济责任审计、政府性投资建设项目审计、国有和国有资本占控股或主导地位的企业审计、社会保障资金审计以及各类财政专项资金审计等领域全覆盖。实现社区审计对象全覆盖，将依法属于审计监督对象范围的所有管理使用公共资金、国有资产、国有资源的部门和单位，党政主要领导干部和国有企事业单位领导人员，以及社区主要负责人纳入全覆盖范围，做到审计机关审计对象和部门内部审计对象全覆盖。实现审计时间过程全覆盖，积极推动由单一职务任期审计向应审职务任期审计转变，由事后审计向事前、事中全过程审计转变，实现对社区领导干部应审职务全任期、公共资金运行全过程、项目建设全流程的审计全覆盖。

时任审计署审计长刘家义认为，"全覆盖"，一要有深度，不能走马观花，一味追求数量，在面上把所有单位走一遍，要对每个项目都审深审透；二要有重点，不是所有领域、所有项目平均用力，"眉毛胡子一把抓"，要紧紧围绕党和政府的工作中心，全面把握相关领域的总体情况，确定审计的重点领域、关注的重点问题；三要有步骤，不是一步到位、大干快上，走"大跃进"、跳跃式路子，要统筹部署，有计划推进，确保实现对重点对象每年审计一次、其他对象五年至少审计一次；四要有成效，要在做到审计覆盖面"广"的同时，力争反映情况"准"、查处问题"深"、原因分析"透"、措施建议"实"。

3.3.2 促进我国社区预算体系的建立，打造社区审计平台

社区居民委员会的工作经费、人员报酬以及服务设施和社区信息化建设等项经费纳入财政预算。社区居民委员会兴办公益事业所需费用，经居民会议或居民代表会议讨论，按照自愿原则，可以向社区居民或受益单位筹集。街道办事处将社区居民委员会工作经费纳入街道办事处银行账户管理，实行专款专用，分账核算，不得挪用、挤占、截留，并定期向社区居民委员会及居民公开使用情况，接受居民监督。社区居民委员会成员、社区专职工作人员报酬问题由县级以上地方人民政府统筹解决。

我国在社区方面的投入很大，而社区资金的安排却缺乏合理性和科学性。主要体现在：一是预算安排和资金拨付随意性较大，预算编制缺乏合理依据，有很大的主观性；二是各级财政对社区资金拨付的标准不一致，套用的公式缺乏科学、合理性的论证；三是预算外最大项的社区资产收益却一直未全部纳入到预算管理之中，大量追加的预算资金无法纳入有效的监督中；四是社区公共资金涉及部门众多，多头管理极易造成信息不对称、信息不共享和信息不沟通。加之各管理部门管理手段和人员素质的差异、相互沟通不畅、核算不规范等问题，造成对社区资金总体掌握难度很大，也大大增加了社区审计的难度和工作量。

社区工作经费、人员经费、资产收益预算是一种全面反映社区收支活动的预算形式，是对社区全部收支进行细化管理，能全面反映社区资金总体规模和支出结构，使街道办事处及居民对社区收支情况有全面和完整的了解。建立社区预算制度和体系，编制社区预算对于规范社区负责人行为，加强财政资金的管理，强化相关单位的责任，发挥财政宏观调控的能力具有重要作用。只有建立了规范的社区预算制度，社区资金筹资机制才能真正实现法制化、科学化、规范化。

社区预算体系的建立，还有助于构筑一个完整的社区审计平台。因为，审计监督的依据一是法律法规，二是预算。预算是国家控制公共财政资金最

根本的一种手段，有了预算，才能把资金置于一种科学、透明的管理下。社区审计要对社区公共资金整体和对社区资金在预算、编制、审批、执行、监督、决算、批复的全过程进行监督，必须以社区预算为依据。没有社区预算，无法从总体上和全过程对社区资金进行跟踪监督。审计监督既不全面，力度也不够，不能全面反映社区资金的总体、全过程控制和结余的情况，也不能正确计算社区资产的增值情况等。

3.3.3 社区经济责任审计

2014年中央纪委机关、中央组织部、中央编办、监察部、人力资源和社会保障部、审计署、国资委联合发布《党政主要领导干部和国有企业领导人员经济责任审计规定实施细则》，明确规定审计机关可以对村党组织和村民委员会、社区党组织和社区居民委员会的主要负责人进行经济责任审计。

基于委托人的愿望和保证受托人经济权力运用的适当性，产生了对经济权力审计监控的需要，即委托人借助审计来监控受托人经济权力运用的状况（蔡春、李江涛，2009）。在社区日常活动中，社区公共服务的经费投入主要以街道办事处的公共财政资金为主，由于街道办事处与社区居委会、特别是社区管理活动存在法律上、空间上和时间上的分离性以及专业知识障碍和成本方面的若干限制，街道办事处作为区县政府的派出机关，实际承担政府社区工作的实际委托人，而社区党支部书记和居委会主任作为政府社区工作的实际受托人，街道办事处往往不能直接监控社区主要负责人的经济权力运行状况，必须借助一个独立的第三方来实现这种监控，从而对社区党支部书记和社区居委会主任经济责任的履行情况进行监督、鉴证和评价，这就是社区经济责任审计产生的重要原因。

社区经济责任审计是对社区党支部书记和社区居委会主任经济责任的履行情况所进行的监督、鉴证和评价活动，任期经济责任审计的内容包括社区财政、财务收支情况、社区资产负债情况、执行国家财经政策法规情况、经济责任目标完成情况、国有和集体资产保值增值情况、重大项目投资情况、个人廉洁自律情况（周云平、陈通，2006）。社区主要负责人受托行使公共经济决策，权力理应受到监督，社区经济责任审计的目标是社区主要负责人履行经济责任的监督、鉴证和评价，不仅包括社区资产负债及收支的真实性，而且包括社区重大公共服务的决策、执行、监督的合理性、效率性、效果性，以及重大项目投资的效果性、环境性等。这明显不同于社区财务审计的目标：对社区年度财务活动的真实、合法和效益情况进行监督和评价（梁雪铖，2009）；也不同于一般的绩效审计目标：针对某一项目或系统的经济性、效率性、效果性进行监督和评价（冯来强，2007）。我国经济责任审计是一项具有中国特色的经济监督制度（蔡春、陈晓媛，2007），包含经济性、效率性、效果性、公正性和环境性的精神实质。由此可见，社区经济责任审计是一项具有中国特色的经济监督制度，是现代审计制度在中国基层社区的一种创新。

3.4 本章小结

通常而言，街道办事处组织财政所、审计所、农业等部门对社区资金、财务收支进行审计，主要包括社区支出是否合理，票据是否合规，程序是否合法，社区资产、负债是否真实、合理，社区收入、支出是否真实、可靠等内容。2014年以后，逐渐扩大到社区负责人的经济责任审计，通过社区经济责任审计，发现问题及时纠正整改，并将审计结果向群众公布上墙，接受群众监督。但是，在资金投入、管理及使用方面依然存在着许多的问题，比如资金投入不能及时到位、被挪用和挤占；投资的渠道增多、资金较为分散；资金在使用效益方面不佳等。而且社区的财务管理体制还不够健全，相关的配套法律法规也并未完善，这样造成了社区的财务人员在工作中缺乏一套具体的法规指导，而且社区财务管理的不规范和不统一现象也时有发生，再加上多数社区审计人员的自身业务和专业素质偏低，这样导致了社区审计环境不容乐观。因而社区在进行审计活动时，没有完善的法规机制作为依据，缺乏标准性。现阶段仍旧未能成立符合社区发展的法规体系，在进行审计活动时便没有相应法律作为支撑。

对社区审计来说，未来将实现社区审计领域全覆盖。由于社区主要经费来源于财政资金，围绕社区财政资金使用和公共权力运行，实现社区预算执行审计、经济责任审计、社区投资建设项目审计、社区资金审计以及财务收支审计等领域全覆盖。实现社区审计对象全覆盖，将依法属于社区审计监督对象范围的所有管理使用公共资金、国有资产、国有资源的社区部门以及社区主要领导人员纳入全覆盖范围，做到审计机关审计对象和部门内部审计对象全覆盖。实现社区审计时间过程全覆盖，至少对社区保证每 5 年实现一个轮回全覆盖。同时积极推动由社区主要责任人离任审计向社区负责人任期审计转变，并且由事后审计向事前、事中全过程审计转变，实现对社区领导干部应审职务全任期、公共资金运行全过程、项目建设全流程的审计全覆盖。

第4章

新型城镇化背景下社区治理的发展现状及其发展趋势

4.1 我国社区治理的制度演变

在计划经济体制下，城市社会的治理体系是单位管理模式，即通过各种各样的单位，来履行资源配置、社会动员、人的需求的满足等多种功能，以实现社会的稳定；也就是说，管好每一个单位，就等于管好了城市社会。由于政企不分、政事不分，各种企事业单位和社会团体均成为行政附属物或准行政组织，因而单位管理模式的显著特征就是行政主导和条块分割，在社会管理过程中，存在明显的单一性，即在运行机制上是单一的行政机制，在资源利用上是单一的行政资源，在力量配置上是单一的政府力量。这种单位管理模式是与计划经济体制相均衡的，在当时能运作并发挥作用。

我国从1978年起开始实行改革开放政策，伴随着社会主义市场经济体系的逐步建立和社会的转型，我国城市社会发展也发生了前所未有的变化。主要表现为：首先，以高度集中的计划经济体制向社会主义市场经济体制转化，单一公有制经济向以公有制为主体、多种经济成分并存的所有制结构转化，社会阶层分化趋势明显，城市社会结构发生了变化。其次，随着从计划经济体制向社会主义市场经济体制的全方位转变，单位在社区中的管理功能逐渐减弱，逐渐移交给当地乡镇或街道办事处，社区已经成为自我管理、自我教育、自我服务的群众性组织，社区成为人们安居乐业的重要场所和实现社会整合功能的基础单位，不仅社区管理职能增多，社区管理的人口也不断增多。最后，随着改革深入和城市社会结构的变化，城市房地产业的兴起和住房商品化的进程加快，城市的居住空间结构发生了变化，住宅区的功能要求呈现多样性、复杂性趋势。所有这些变化导致了城市社区治理的难度、广度、复杂程度都进一步的加大。

改革开放以后，伴随着社会转型，计划经济向市场经济、传统社会向现代社会、农业社会向工业社会转化。社会的转型带来了社会职能的分化。由此城市推行管理体制的变革，政府权力下放到社区，鼓励居民、辖区单位、非营利组织参与社区治理，从而形成社区合作型治理模式，这种治理模式是政府推动与社区自治相结合的治理模式，其特点是：治理主体由单一的政府扩大到社区内的自治组织，社区组织职能加强；资源投入以政府投入为主，社区组织投入为辅。1981年，民政部借鉴国外先进经验，提出了社区建设的概念，社区建设是被作为加强基层政权建设，改革城市基层管理体制的重要思路和重大举措提出来的，社区建设的核心已经不是社区服务，而是管理体制的创新。近几年来，有关社区的实践探索和理论研究受到高度重视，民政部在全国确定了26个社区建设实验区并进而评选出一些示范区，对全国推进社区建设起到了带头作用。关于城市社区的研究，2000年11月，中共中央办公厅和国务院办公厅转发了民政部《关于在全国推进城市社区建设的意见》，更在全国各城市掀起了社区建设的热潮。而由地缘群体、区域社会形成的社区，是社会赖以存在和发展的基础，社区治理的效绩高低直接关系到城市政治稳定和社会发展。城市社区治理是实现和谐社区的基本途径，如何搞好社区治理，也是当前研究的热点问题。

20世纪90年代中后期开始，住房分配的货币化政策开始实施，社区分化随之开始，市场化改革造成社区功能社会化，社区内逐步由熟人社会演变为陌生人社会，这给社区治理提出新的问题。有人提出业主委员会、物业公司与居民委员会构成三种核心性社会组织。社区分化导致诸多社会矛盾与冲突，有人就社区分化中业主委员会与物业公司之间的矛盾状况进行了深入的探讨。无论是理论研究还是应用研究，都已经开始突破"国家—社会"的理论框架，开始呈现"国家—社会—市场"的三元框架分析模式。随着住房制度和城市管理体制的变化，尤其是新型城镇化建设下，城市社区问题成为城市治理的重要内容。我国目前的城市社区仍然停留在社区服务和社区建设的阶段，社区服务和社区建设是城市社区的部分内容，城市社区的治理是未来城市社区健康发展的重要保证。

4.2 我国社区治理的发展现状、问题及原因分析

4.2.1 我国社区治理的发展现状

20世纪90年代以来，政府开始倡导实行社区治理理念而进行基层城市社会管理体制的创新，并出台了一系列政策，要求各级政府转变职能，进一步推进社区管理方式和管理手段的创新，将权力下放给社区，促进社会管理职能由微观管理向宏观管理、行政指令向具体指导、下派任务向积极扶持的转变，在探索发展社区治理格局方面成绩显著。具体而言，我国城市社区治理的现状可归纳为以下几方面：

一是建立了包括居委会、居民小组等完善的基层城市社区自治组织机构。据民政部数据显示，截至2013年底，我国建立了94620个社区居委会和135.7万个居民小组，居委会成员达到48.4万人；2014年底我国建立了96693个社区居委会和585451个村委会。基层城市自治组织机构为城市社区治理提供了良好的组织保障，为满足城市居民生活需求承担起了社会事务和公共服务方面的有效供给职能。

二是多元主体参与社区治理的局面初现。各类为社区服务的社会性组织

发展迅速，据民政部数据显示，2013年底我国共有各类社区服务机构25.2万个，社区服务机构覆盖率36.9%，城镇便民和利民服务网点35.9万个，社区志愿服务组织12.8万个。这些参与社区治理的社会性组织能够有效弥补政府、企业和居委会在社区治理供给服务方面的不足。

三是在城市社区治理制度建设方面，除了《宪法》等国家大法外，还颁布了《城市居民委员会组织法》《城市街道办事处组织条例》，以及民政部出台的一系列有关推进社区发展、建设和治理方面的行政法规，为城市社区治理提供了制度规范保障。

四是各地方积极进行城市社区治理实践，并形成了一些典型性的社区治理模式，积累了丰富的城市社区治理经验。比如沈阳模式、盐田模式、武汉模式、青岛模式、深圳模式等。

4.2.2 我国社区治理的发展中存在的主要问题

1. 社区居委会行政化倾向严重

随着社会转型，政府大量社会职能下沉，社区居委会承接了大量政府交办的任务和行政性事务，普遍出现了行政化倾向，成为基层政府的延伸。调查发现，社区居委会工作中大部分都是政府下达的任务，服务内容包括民政、计生、居民养老、维护稳定、调解群众矛盾、居民医保、普法、双拥、低保救助、社区文体、社区教育、残疾人管理、司法援助、社会治安等百余项，除此之外还要应对需要上报的各种台账、报表、检查、评比、各部门各类调查统计，以及各政府职能单位下派其他任务，导致多数社区居委会存在挂牌多、事务多的问题。

在人事方面，居委会中仍有少部分居委会拥有公务员编制和事业编制，虽然比例并不高，但是一定程度上反映出基层行政力量向居民自治组织的延伸。可见仍有部分居委会延续行政管理的体制，并没有从根本上解决居委会对街道办事处等政府机关的依赖，也未能解决街道办对居委会的经费和人员等的控制问题。

2. 社区管理服务经费投入不能满足现实需求

大部分社区居委会工作人员的工资、日常工作和活动经费的主要来源都是财政拨款，仅有少数的社区居委会依靠其他经济来源。目前大多数社区居委会少有其他经济来源，自身缺乏经营社区的能力，意味着大多数社区没有建立一个多元化的资金投入机制，因此社区居委会资金来源大部分仅能依靠当地政府下拨办公经费、各种活动创建经费、评比奖金等勉强维持运转，建设资金投入与需求缺口大的问题进一步凸显。

当前，居委会工作人员工资收入低的问题虽然有所改善，但与当前城镇物价水平、社区居委会承担的繁重工作任务相比，居委会工作人员的工资收入依然不具有竞争力。这导致社区居委会很难建立起一支较稳定的、素质较高的队伍，难以吸引公共管理、社会工作、医疗护理等方面的专业人才，以提升基层社区服务管理水平。如何保证居委会工作人员合理的工资收入，仍是未来需要解决的问题。另外，各地都在提倡要建立信息化居委会，信息化建设不仅需要大量的资金投入，后期也需要专业的人才来使其功能得到充分的发挥，这些也都需要建立完善的人才培养和保障机制。

3. 多元治理模式滞后

当前社区部分居民家庭生活困难，因病致贫、因残致贫的问题也较为突出。虽然居委会拥有社会救助的职能，也有社区老年人养老服务、就业服务等职能，但是由于其工作人员精力有限，帮扶途径有限等原因，导致这些困难的居民很难从居委会层面获得更多帮助。因此从治理主体上讲，单靠基层居民自治组织或政府，都无法有效满足居民日益增长的服务需求，必须建立起包括居委会及居民、政府、社会组织、企业、驻区单位、义工等在内的多元治理体系。

绝大多数社区拥有居民服务类、兴趣类或互助类社会组织，在这些组织的带动下，居民的业余生活也得到了极大的丰富。但是，社区拥有的社会组织数量还比较有限，经常与外来社会组织开展活动的比例也并不高，可见社会组织要想融入社区、成为参与社区治理的重要力量，还需要不断提升社会组织的自身能力。多数居委会的驻区单位、企业或多或少会协助居委会开展活动，作为社区治理的其中一个主体，驻区单位、企业也在发挥作用，但是从协助居委会开展活动的频次可以看出，驻区单位、企业还可以利用自身优势和手中的资源，更多样、更全面的参与社区治理。

4.2.3 我国社区治理中存在问题的原因分析

1. 社区居委会的职能定位不清

首先，法律法规不完善。《中华人民共和国城市居民委员会组织法》中仅对社区居委会与政府以及其他组织的关系进行了原则性的规定，可操作性不强。另外对于日益增加的流动人口，也没有明确服务管理方式，缺少适合全国范围内的综合立法和操作性强的社区服务法律。其次，政府部门对居委会的性质、职能、作用认识模糊。在实际工作中将居委会作为政府的派出机构，没有将居委会作为居民自治组织来看待，漠视居委会应有的法律地位，随意向居委会发号施令，摊派任务。最后，政府干预过多。部分政府未能转变其对居委会直线管理的方式，对居委会、居民自治、社会组织的参与治理等存在疑虑，控制居委会的人财物，并将居委会视为"下级"机构，导致居委会本身的基层群众自治的性质难以表现，行政色彩过于浓重。

2. 经济来源有限，基础薄弱

社区居委会尚未建立多元化资金投入机制，又不能向居民摊派办公费用，导致社区居委会工作经费存在较大缺口，仅仅依靠当地政府下拨办公经费、各种活动创建经费、评比奖金勉强维持运转。而部分居委会的员工收入虽然与以前相比得到改善，但是没有良好的职业发展路径，未建立正规的收入增加的机制，仍然影响居委会的人才培养。居委会的自身筹资渠道少，资金来源不足，居委会少有可供经营的资产，也不能将日常的费用摊派到辖区内单位和居民的身上，因此多数居委会的日常运作和员工工资大部分来源于政府的财政拨款，在缺乏其他经济来源的情况下，也就难以向政府部门争取相应的权利，只能按照给予经费的政府部门的要求安排完成日常工作以及政府下派的任务。

3. 居民参与程度不高

社区居委会治理现状导致居民更倾向于认为居委会是一级政府，代表政府行使基层公共权力，此外居委会忙于处理行政性工作任务，使得居民对其缺乏认同感，参与社区自治的意愿并不强烈，另外居民与社区的利益关联程度在日常生活中也难以体现，没有意识到参与社区自治的重要性，同时缺乏居民参与自治的平台和程序规范，难以参与社区运作的相关事务。

4. 社会组织发展不足

目前，社区类社会组织数量少，专业人员不足，活动能力弱，作用未得到充分发挥。有些社会组织过分依赖政府，独立性差；有些社会组织长期不开展工作和提供服务；有些社会组织纯粹是兴趣团体，对社区治理并不关心，也不会为组织成员争取权益。

4.3 新型城镇化下社区治理的发展趋势

4.3.1 强化居民参与创新

在传统的社区管理框架下，居委会作为社区居民自治的法定组织，对于社区管理过程中涉及社区自治的部分往往采取"大包大揽"的态度，过度简化了居民参与的环节，居委会与居民之间在社区自治方面的互动表现得懈怠而稀少，致使居民无法在社区层面找到实现个人价值的突破点。创新的理念沉淀于城市社区治理，主张的是全员参与创新，人人皆可创新，让创新的氛围弥漫于居民的日常生活中。BJ 市 CY 区根据各社区的类型特点，推出的"五方共治""三社联动""自管自转"的居民自治模式中，社区居民需要通过与其他社区治理主体共同协商，解决彼此间存在的问题矛盾，或者是对所在社区的相关物业事项进行自行管理，表达了城市社区与居民之间存在的是相互需要、相互促进的关系，这为居民带来最直接的思想冲击和定位变化就是："社区的问题变成我的问题""社区建设需要我的参与"，强化了居民参与的责任意识，创新了居民的参与思维、参与内容，参与渠道，将参与社区治理转变为居民日常生活的一部分，拓展了居民在社区治理层面创新的空间。

4.3.2 促进社区服务创新

"社区服务"的内涵随着社区顶层设计的思想变化而发生变化，在"服务部门为中心"的社区建设过程中，"社区服务"主要是名词的形式表现，指的是社区在国家政策的指导和要求下，为居民提供特定的业务办理服务，居民需要根据自己的实际情况自行联系相关部口，对于程序复杂的业务常常出现"找错门""跑断腿"的现象。"以用户为中心"是创新的一大定位，这要求社区的相关服务部门要将"服务部门为中心"的行动理念转变为"服务对象为中心"，把"社区服务"动词化，以居民需求为切入点，主动服务居民。SH 市 XH 区重新整合了政府部门、社区服务机构、居民之间业务互动所需的资源，打通系统内部社区服务流程衔接的壁垒，将"多门""多口"办事切实转变成"单门""单口"服务，率先试点开展"全区同办""智能社工""延伸服务"的业务，不断丰富社区信息公开的形式、渠道，极大压缩了居民办理业务耗费的时间及精力，促进了服务方式智能化、服务流程精简化、服务理念人本化，切实践行了以居民为本、服务为先的思维理念。

4.3.3 推动协调治理创新

现阶段，我国大部分城市社区治理机制的设计主要围绕的是街道办事处与社区居委会的互动关系，极少将企业、社区社会组织等其他主体的参与、协商路径纳入社区治理的布局中，导致多元主体的作用力零散化、碎片化，难以实现"1+1>2"的协同效应。创新理念指导下的社区治理，"协同"是重要目标也是主要手段，要实现多元主体的良性互动、有序作业，一套明晰而积极的协同治理机制是必要条件。"明晰"体现的是当各方利益诉求产生矛盾的时候，可依循机制中既有的规定、办法、路径，明确责任、配置资源；"积极"体现的是除了共同目标的鞭策，能够为各方的主动参与提供持续的驱动力。XM市HC区大力探索"政社民"互动，重塑了行政主导型社区治理模式，构建了以社区党组织为核心，社会多元主体积极参与的协同治理格局，发挥区位优势，广泛吸纳社区居民共治共享，凝聚了多方通为合作的力量，将"1+1"推向"1+X"在参与主体的多元化上做增量；建立了民主协商、群众自治、市场运作、技术支持、激励带动的协同治理机制，推动主体作用的相融、增效、再做创新。这为各方利益主体提供了社区治理的参与平台，帮助每个主体在协同治理进程中都能找到自身的定位点，明确了各自行动的路径、准则，同时注重激励带动，持续激发主体的参与动力，对充分发挥"1+1>2"的协同效应起到积极的促进作用。

4.3.4 实施信息标准化

未来应以信息化和标准化为基础，统筹推进社区治理与服务改革。设立社区治理与服务的部门联席会议制度，落实部门分工和责任；聚焦基层政权与社区的职能梳理，建立"契约"管理关系；加快推进"互联网+社区治理与服务"信息平台建设、标准体系建设；加快完善社区服务业尤其是养老、幼托、家政、资源回收等行业标准，完善政府提供公共服务、购买社会组织服务、公益创投等服务标准，以及社会组织、社会组织孵化器标准等一系列规范标准。

4.4 本章小结

我国从1978年起开始实行改革开放政策，其最终目标是全面建立社会主义市场经济，社会转型的主要特征反映在社会主义市场经济的建设、政府职能的转变、单位制的解体和社区功能的放大以及市民社会的兴起等。改革开放以后，伴随着社会转型，计划经济向市场经济、传统社会向现代社会、农业社会向工业社会转化。社会的转型带来了社会职能的分化。由此城市推行管理体制的变革，政府权力下放到社区，鼓励居民、辖区单位、非营利组织参与社区治理，从而形成社区合作型治理模式，这种治理模式是政府推动与社区自治相结合的治理模式，其特点是：治理主体由单一的政府扩大到社区内的自治组织，社区组织职能加强；资源投入以政府投入为主，社区组织投入为辅。1981年，民政部借鉴国外先进经验，提出了社区建设的概念，社区建设是被作为加强基层政权建设，改革城市基层管理体制的重要思路和重大举措提出来的，社区建设的核心已经不是社区服务，而是管理体制的创新。2000年11月，中共中央办公厅和国务院办公厅转发了民政部《关于在全国推进城市社区建设的意见》，更在全国各城市掀起了社区建设的热潮。

但是，社区职责定位不清。政府大量社会职能下沉，社区居委会承接了大量政府交办的任务和行政性事务，普遍出现了行政化倾向，成为基层政府的延伸。调查发现，社区居委会工作中大部分都是政府下达的任务，服务内容包括民政、计生、居民养老、维护稳定、调解群众矛盾、居民医保、普法、双拥、低保救助、社区文体、社区教育、残疾人管理、司法援助、社会治安等百余项，除此之外还要应对需要上报的各种台账、报表、检查、评比、各部门各类调查统计，以及各政府职能单位下派其他任务，导致多数社区居委会存在挂牌多，事务多的问题。同时社区经费投入不足。目前大多数社区居委会少有其他经济来源，自身缺乏经营社区的能力，意味着大多数社区没有建立一个多元化的资金投入机制，因此社区居委会资金来源大部分仅能依靠当地政府下拨办公经费、各种活动创建经费、评比奖金等勉强维持运转，建设资金投入与需求缺口大的问题进一步凸显。

未来将实行创新理念指导下的社区治理，"协同"是重要目标也是主要手段，要实现多元主体的良性互动、有序作业，一套明晰而积极的协同治理机制是必要条件。"明晰"体现的是当各方利益诉求产生矛盾的时候，可依循机制中既有的规定、办法、路径，明确责任、配置资源；"积极"体现的是除了共同目标的鞭策，能够为各方的主动参与提供持续的驱动力。

第 5 章

社区审计对社区治理的影响机理分析

国家审计是国家治理的产物，更是国家治理的工具。长期以来，世界各国审计机关在维护国家经济安全、反腐倡廉以及提高政府工作透明度等方面都发挥了重要作用，这正是国家审计服务国家治理的重要表现和途径。正如时任审计署审计长刘家义在全国审计学会第三次理事论坛上的讲话所指出的那样："国家审计本质是国家治理这个大系统中的一个内生的具有预防、揭示和抵御功能的'免疫'系统。"作为国家治理的重要组成部分，国家审计对维护经济秩序、推动廉政建设、保障经济健康发展及国家的长治久安有着重要意义。社区审计是国家审计的微观基础，社区治理是国家治理的基层单元，二者都是基于公共受托经济责任的一种控制机制。审计作为确保受托责任履行的一种控制机制，已被各级政府和街道、社区所使用，特别是在审计全覆盖背景下，在社区财务收支、经济责任、服务绩效等方面开展审计，为明确社区职能定位、完善社区各项制度、健全社区服务体系发挥了重要作用；必须在新型城镇化背景下确保社区审计对社区治理的创新与重构，依然是严峻、急迫的任务。

第5章 社区审计对社区治理的影响机理分析

5.1 社区审计与社区治理的关系分析

5.1.1 社区审计的本质和地位

在社区治理中，社区审计实质上是依法用权力监督制约权力的行为，其本质是社区治理这个小系统中的一个内生的具有预防、揭示和抵御功能的"免疫系统"，是社区治理的重要组成部分。

社区审计的本质特征决定了其在社区治理中的地位。从国家治理的角度看待社区审计，为进一步深化对社区审计本质特征的认识、准确把握社区审计发展规律和推动社区审计科学发展，提供了更宽广的平台。

一定范围内的社区和其他社会组织为了维护社区秩序，满足社区需求，推动社区进步，在互动合作过程中通过一定的组织形态、制度安排和治理机制，采取一定方式、方法对社区公共事务施加治理活动，其最终目的是通过社区、市场与社会的相互协调，促进资源的有效配置，并推动社区经济持续、全面、均衡发展，从而满足社区居民的需求。社区审计是社区治理体系中监督子系统的重要组成部分，社区审计从事一切活动，应服从和适应社区治理的总体要求，其所奉行的理念、应承担的责任、职能的定位等一切制度的安排选择、变革创新都应当以社区治理为核心。

我国社区审计的定位，在立足经济监督的基础上，还要服务于解决我国社区改革发展中遇到的问题，并做好与国内同行的对话和交流。在社区治理视角下研究社区审计的本质和地位，需要全面、深入理解社区治理的内涵。把握社区审计的本质和定位，必须考虑使用社区治理内涵的特殊语境，必须区分社区治理与社区管理的关系、社区治理与国家治理的关系。

5.1.2 社区审计与社区治理之间的相互关系

社区审计是社区治理的工具，是社会政治制度的重要组成部分。我们认为，社区审计与社区治理是相伴相生、相互依存、相互促进的关系，这种相互关系可以从以下四个方面寻找到依据：

1. 从审计历史层面而言

国家审计与国家治理具有浓厚的历史渊源，自从奴隶制政权建立，统治者就在政治上自觉或不自觉地利用国家审计来巩固其统治地位，从而将国家审计的威慑力量与国家政权的巩固联系起来。审计发展史实表明，国家审计自产生之日起就已作为国家治理的重要组成部分。不论是早期的为巩固政权，还是今日的维护国家经济安全等，只是时代赋予国家审计不同的使命。归根结底，国家审计都是作为国家治理的重要组成部分在发挥着审计功能。对于今日，社区审计是国家审计的微观体现，社区治理是国家治理在基层的体现，二者都是巩固统治地位的工具。

2. 从理论层面而言

国家审计与国家治理的理论基石均为公共受托经济责任。国家审计产生于公共受托经济责任关系，其根本目标是促进政府公共受托经济责任的全面有效履行。而建立国家治理结构是公共受托经济责任的重要内容，一方面，公共受托经济责任是国家审计与国家治理共同的理论基础之一，保证和促进公共受托经济责任全面有效履行是国家审计与国家治理的共同目标；另一方面，国家审计与国家治理之间也紧密联系并相互影响着。社区治理是国家治理的微观体现，社区审计作为国家治理的有力工具，在推进社区治理过程中大有可为。随着新型城镇化的推进，及社区审计的重要性、紧迫性的提升，准确定位其自身功能，通过路径实现其在社区治理中的作用，以及最终通过财务审计、绩效审计、治理导向审计实现社区治理的创新与重构。

3. 从法律层面而言

国家审计依法建立，是国家治理的重要组成部分。国家审计的制度安排都是依据国家宪法或专门法律法令确立的，是国家治理的重要组成部分。国家审计坚持"依法审计、服务大局、围绕中心、突出重点、求真务实"的审计工作方针，切实有效地履行审计监督的法定职责。我国国家审计在维护社会秩序，促进改革开放，强化权力制约，推动民主法治等方面发挥了积极作用。社区是国家治理的组成部分和微观单元，审计作为国家治理的重要组成部分，社区审计依照国家有关法规进行。

4. 从实践层面而言

国家审计功能发挥可以促进国家治理的改善。国家审计在国家治理中发挥着重要的作用，主要表现有四个方面：一是腐败治理。我国审计机关每年开展领导干部经济责任审计，这对加强党风廉政建设、推进民主政治改革产生了积极的影响。二是维护经济安全。美国政府责任办公室（GAO）从1990年开始，每两年发布一次高风险领域清单，提请政府关注影响政府有效治理的特殊高风险领域。三是提高政府透明度。2004年由巴西总审计长办公室发起的"透明门户"，不但帮助政府改善不合理的支出，且成为社会有效监督政府的工具。四是协助应对危机，国家审计协助应对公共危机也说明国家审计对国家治理的作用。社区审计的本质功能在于保证和促进公共受托经济责任的全面有效履行，是促进社区治理进一步完善并保证其有效运行的重要工具，在此，以社区审计协助应对社区治理危机说明社区审计对社区治理的作用。

5.2 社区审计对社区治理的影响机理分析

随着我国政治经济体制改革的不断深入和完善，政府审计的地位获得巩固和提升,其在社会公众中的影响力日益增强,政府审计所承载的社会期望值愈来愈高。如何面对时代的挑战,抓住历史发展机遇,如何更好地发挥社区审计在我国社区治理中的职能作用,已经成为当前迫切需要研究的重大现实课题。现代社区治理与社区审计有着密切的相互关系,现代社区审计不但是社区治理机制形成的基础,而且可以促进社区治理的完善。

5.2.1 促进社区责任法制化

根据社会发展规律,社区应是公共管理和服务的提供者。社区干部行使行政权力须明白权力源于居民。公民权利是国家权力之本,行政权力之源;社区责任是行政权力的核心,是社区的本质属性。没有社区责任,行政权力运行就没有保障。在居民与社区的关系上,社区为居民存在,广大居民应始终是最广大人民根本利益的忠实代表者、实现者和维护者。为实现社区权力本位向责任本位的转变,社区审计应相应发展其权力制衡功能,从现在聚焦于经济活动层面的审查监督深入落实到社区干部人员层面。也就是说,社区审计不仅对各个社区部门和各项具体经济活动的真实、合法和有效性进行审计,查错防弊,还要对发现的问题进一步追溯到干部个人。对存在问题者,无论是社区领导干部还是普通公职人员,社区审计都须依法查处;对依法行政者,社区审计则应解脱其对居民的责任。这种追究制度,能使社区重视其在各项公共服务中对民众所承担的经济责任,并为解脱责任将任务细化层层分解落实到干部个人,形成责权对等的体制,实现责任社区的蜕变。

人们往往倾向于追求权力的法制化,却容易忽略责任的法制化。这样一来,由于获取权力和行使权力的成本太低,又进一步强化了社区及其干部追求权力的冲动。将责任法制化,可以增强权力行使者的责任感,让他们时刻关注权力行使的后果,改善行政行为;同时为责任的评价和考核提供前提,也就是为"问责制度"创造条件。

2003年我国开始正式实行审计结果公告制度,掀起了席卷全国的"审计风暴",使得审计在百姓心中的地位骤然上升。风暴过后,人们更加关注审查出的问题是否得到公正的解决,"问题干部"是否得到应有的惩处。然而,审计查出问题之后,处理结果往往得不到公布,有的甚至就不了了之,这使得审计监督的效果大大降低。因此,将责任法制化,就成为我国社区亟待解决的问题。问责是由授权产生的:居民给社区授权,社区给干部授权,官员对居民及社区负责,社区则通过官员对居民负责。社区审计监督的对象是"经济责任",通过审查社区部门的财务收支、自有资金、专项资金、国有资产,以及内控等,查清该单位的目标完成情况,分清领导人应负的主观责任,并查清其有无侵占国有资产、违反廉政规定以及其他违纪行为。许多省区市已经开始推行审计结果公告制度,还制定了审计结果的运用办法,大大提高了审计效果。然而,将责任法制化需要街道办事处、纪委、组织部等部门的相互合作方能完成,审计所能做的就是将审计出的问题诉诸公众,让阳光和社会为问责导航。能否有效地履行社会责任,是现代文明社会对社区治理提出的新挑战。要让落实责任成为社区治理的关键,就必须对责任的承担和履行进行监督,这就是社区审计机关开展审计监督的一个重要出发点。对社区下属的企业主要负责人实施审计,就是因为他们都应当承担起各自的受托责任,他们受社区的委托,经营社区和居民的资产,就必须对社区负责、对居民负责、对法律负责、对所有的利益相关者负责。审计监督是公平的,因为你享有了权力,就必须承担责任;经审计监督是必要的,因为没有了监督的权力,必然会导致腐败。

首先,社区审计监督要关注社区在社区事务执行过程中的责任。因为决策的权力来自居民,这种权力的最终实现必须依托于社区内部控制制度的有效执行,否则,居民的权力就会旁落。

其次,社区审计监督要关注社区干部履行责任的有效性,积极开展效益审计。因为取之于民的资源,只有用之于民,并用出成效,才能满足纳税人的要求,这才是社区责任的最终归宿。

最后,社区审计监督要关注一切受托经营者的责任,促使这些受托经营者在使用人民赋予的权力时,时刻不忘对人民承诺的责任。

社区审计监督关注责任,既是推动民主建设的需要,又是维护法制尊严的需要。在法治社会里，社区、公司和居民都享受法律赋予的权利，也都要承担法律赋予的责任，任何不承担责任的权力，都必将对社会公正造成伤害，最终导致法治的扭曲。要"让应该进一步追究责任的事诉诸公众，让阳光和社会为问责导航。"

一个负责任的社区才是有未来的社区，一个负责任的国家才会是有希望的国家，而一个负责任的民族，才会是永远朝气蓬勃的民族。让我们都明确自己的责任，都承担起责任，只有如此，全面建设小康社会的目标才能更快、更好地实现。

5.2.2 促进社区运转高效化

我国目前社区及社区工作人员效率不高，主要是因为缺乏社会和市场中各种力量的参与。现实中，一些人对社区机构、权力的认识仍停留在直观层面上，即通过机构运用权力严格管理社区、控制社区，不信任社会自身作用，不断通过扩充机构、增强权力来管理社会，让社区一味按社区居委会的意图、行政权力指向发展，忘记权力源于民众、服务于民众的本性。结果是机构越来越臃肿，人员越来越多，运转越来越不灵，负担越来越重，效率越来越低下。为促进社区效率的提高，社区审计应积极发展其效益审计职能。因为效益审计往往强调很好地定义社区和项目目标，这就能促使社区为免遭"秋后算账"，认真权衡公共经济资源的投入、配置及由此带来的社会效益，"三思而后行"。结果应能大大降低社区干部决策行为的盲目性和利益的狭隘性，大大减少政绩工程、豆腐渣工程等公共资源的浪费行为。另外，若结合国情从战略层面开展效益审计，能有效缓解社区有限公共经济资源与日益扩大的无限的公众需求的矛盾。而这就要求社区审计在效益审计方面根据国家发展战略需要制定总体方向性计划，有目的、有层次地开展审计工作，在重点领域挖掘、整合信息，辅助政府"开源节流"，在公共领域优化资源配置。

社区作为社会自治机构，其最主要的经济责任就是保证其财政财务收支的真实性、合法性和效益性,通过社区审计监督可以很好地促使社区干部在社区事务的决策、执行等方面的科学性、经济性、效益性。从而进一步促进社区在法律法规和规章制度的执行与遵循性方面的规范化,提高社区全面的执行能力。

5.2.3 促进社区干部廉洁化

公共财政既是社区施政蓝图,也是社区治理的重要工具。近几年来,东西方各国的政府改革,都把预算与财务管理改革作为重点之一,制定了严格的法律制度对财政预决算的编制和执行进行规范、监督和制约,要求社区在财政管理中实行法治。而在社区纳入街道办事处预算以及财务管理当中,社区审计作为政府财政收支的独立经济监督,在监督社区依法履行所承担的公共经济责任方面发挥着重要作用。对社区公共财政的审计,重点应该放在公共支出上,实现由收支审计并重向以支出审计为主转变。

首先这是社区履行职能之所在。社区对事务的影响作用主要表现在公共支出上,社区干预、调节经济的职能也主要是通过公共支出来实现的。社区审计作为维护行政责任的重要环节,强化公共支出审计监督,能够促进社区正确履行法定职责,提高行政行为的科学性、有效性,维护法律的严肃性。

其次,也是社区服务居民之所需。加强公共支出审计监督,不仅有利于正确理顺公共投入的优先次序,而且有利于让民生问题成为公共投入的重点,对于实现社区经济的安全运行,促进社会持续健康的发展,实现全面建设小康社会的目标,均有着重要的作用。

最后,这还是社区控制支出之所能。全面地考察社区职能的演进变化过程,其着力点是由政治职能转向经济职能,再由经济职能转向社会管理职能。而且在着力点变化的同时,社区的活动范围也在扩大,社区公共支出无论从绝对量还是从相对量上考察都呈现出不断增长的趋势,这已经是不争的事实。自从德国经济学家阿道夫·瓦格纳在19世纪80年代提出"公共支出不断上升的规律"以来,各个国家财政发展的实践已经证明了这一预测的正确性。这就意味着，如不对公共支出加以有效的控制，很可能会出现公共物品或服务的供给过剩。而通过审计这一监督和制约机制，实际形成了对公共支出规模的有效控制。

其实，我国开展经济责任审计最主要的目的就是预防和治理腐败，促进领导干部廉洁勤政。而领导干部作为社区主要负责人，其个人的管理水平在很大程度上制约着社区管理的水平与效果，社区的一切行为均可以归责于"人"——即社区居委会的领导人。因此，社区经济责任审计通过对社区领导人经济责任履行情况的审查，可以提高社区领导干部队伍的管理水平，进而加快廉洁社区的建成。

党风廉政建设和反腐败斗争是当前党和国家的一项重要工作，审计监督作为廉政建设的一个重要手段，应把对权力进行监督当作自己的一项重要职责。社区审计是对社区经济管理活动的监督，是监督和制约权力的重要机制，是从源头防止腐败、维护最广大人民根本利益的最有效途径。

5.2.4 促进社区服务透明化

社区服务透明化是社区治理必不可少的一个环节，是一个社会民主程度的体现。著名会计学家杨时展教授曾精辟指出"民主，是现代审计的实质，审计，是民主政治的表现；民主，是现代审计的目的，审计，是现代民主的手段。没有现代审计这一手段，就很难达到现代民主这一目的，没有现代民主这个目的，现代审计也就失去意义。"

2003 年实行的审计结果公告制度表明国家审计的过程和结果已经公开。社区审计同样可以通过审计监督，将审计结果公布于众，使得居民作为社区权力的授予者，能够看到自己的代理者是否完成了其应负有的经济责任，使得居民作为社区的主体，能够真正起到监督的作用。通过审计结果公告，可以促进社区服务透明化，最终构建一个透明、规范、高效的社区。

社区服务透明化，可以让社区及其所属干部接受监督，有利于维护人民群众的合法权益，吸收人民群众参与讨论和决定有关事项，强化民主监督。

社区服务透明化是社区及其所属干部为保障广大居民的利益、接受社会公众的监督而依照规定必须将其自身的资金来源、使用情况、取得的效果、财务状况等信息和资料向社会公开或公告,以便使广大居民充分了解情况的机制。社区服务透明化作为社区及其所属干部的法定义务,其法理基础是社区及其所属干部所使用的公共资源来源于社区广大居民,应负有公共受托经济责任,应该接受广大居民的监督。促进社区服务透明化,应该从以下方面考虑:

首先,社区及其所属干部应树立责任意识。居民是社区的主体,社区居委会是为居民服务的机构,社区工作人员则是为居民服务的公仆。社区及其所属干部的意识应需要从根本上扭转过来,必须认识到服务透明化是主动接受居民监督、为居民服务的积极行为,是自己应作的分内之事。

其次,明确政务公开的主体,并逐步加以扩大。促进社区服务透明化,首先必须明确的是政务公开的主体究竟有哪些?当前,政务公开的主体应在于社区居委会。而在政务公开制度推进中,可以采取街道办事处推进的方案,这样既可以解决居民意见比较大的诸多问题,又是全面实现政务公开的需要。

再次,选择重点内容先行公开,逐步丰富和拓宽政务公开的内容和范围。促进社区服务透明化,应该分清轻重缓急,分层次、分阶段、有选择、有重点地推进政务公开。从我国国情出发,政务公开应该选择以下内容:(1) 社区经费的预算、预算执行情况;(2) 与公众重大利益相关的资金分配公开;(3) 重大资金使用过程公开。必须建立有效的公开制度保证社会公众知晓资金使用过程中的任何一环。只有这样,才能使政务公开机制发挥其应有的作用。

最后,依法确立政务公开的程序。公开必须具备一定的程序才能有效地进行。美国的《信息自由法》和《阳光中的政府法》分别规定了公民申请信息公开和政务公开的程序。这种做法值得借鉴。当前各地推行政务公开的形式五花八门,很大程度上就是由于缺乏统一的程序。可以根据不同的政务公开的内容规定不同的程序,在这些程序的基础上,应建立两类基本的制度：依社区工作的年度政务公开制度和依具体事务申请的政务公开制度。前者往往针对社会公众，政务公开的主体必须主动公开政务；而后者往往针对特定公民，须公民主动申请才能获得政务的知情权。

5.3 本章小结

在社区治理中，社区审计实质上是依法用权力监督制约权力的行为，其本质是社区治理这个小系统中的一个内生的具有预防、揭示和抵御功能的"免疫系统"，是社区治理的重要组成部分。社区审计的本质特征决定了其在社区治理中的地位。社区审计是社区治理的工具，是社会政治制度的重要组成部分。我们认为，社区审计与社区治理是相伴相生、相互依存、相互促进的关系。

社区审计的本质功能在于保证和促进公共受托经济责任的全面有效履行，是促进社区治理进一步完善并保证其有效运行的重要工具，在此，以社区审计协助应对社区治理危机说明社区审计对社区治理的影响机理。（1）促进社区责任法制化。社区审计不仅对各个社区部门和各项具体经济活动的真实性、合法性和有效性进行审计，查错防弊，还要对发现的问题进一步追溯到干部个人。对存在问题者，无论是社区领导干部还是普通公职人员，社区审计都须依法查处；对依法行政者，社区审计则应解脱其对居民的责任。这种追究制度，能使社区重视其在各项公共服务中对民众所承担的经济责任，并为解脱责任将任务细化层层分解落实到干部个人，形成责权对等的体制，实现责任社区的蜕变。（2）促进社区运转高效化。社区作为社会自治机构，其最主要的经济责任就是保证其财政财务收支的真实性、合法性和效益性，通过社区审计监督可以很好地促使社区干部在社区事务的决策、执行等方面的科学性、经济性、效益性。从而进一步促进社区在法律法规和规章制度的执行与遵循性方面的规范化，提高社区全面的执行能力。（3）促进社区干部廉洁化。社区经济责任审计通过对社区领导人经济责任履行情况的审查，可以提高社区领导干部队伍的管理水平,进而加快廉洁社区的建成。(4)促进社区服务透明化。社区服务透明化,可以让社区及其所属干部接受监督,有利于维护人民群众的合法权益,吸收人民群众参与讨论和决定有关事项,强化民主监督。社区服务透明化是社区及其所属干部为保障广大居民的利益、接受社会公众的监督而依照规定必须将其自身的资金来源、使用情况、取得的效果、财务状况等信息和资料向社会公开或公告,以便使广大居民充分了解情况的机制。社区服务透明化作为社区及其所属干部的法定义务,其法理基础是社区及其所属干部所使用的公共资源来源于社区广大居民,应负有公共受托经济责任,应该接受广大居民的监督。

第 6 章

社区治理需求对社区审计的指引作用分析

国家治理本质上是使现有国家机器有效运转并推动其不断发展完备的一系列制度、机制、方式的总和,是国家机器通过不断完备自身而最终走向消亡的过程。国家治理可分为两个阶段:初级阶段是国家的自我完备阶段,主要体现为通过改善国家机器运转的外部环境、内部构造和运行方式等,充分发挥其职能,将阶级冲突抑制在既定秩序内,保证国家机器和社会健康运行,以维护统治阶级利益;高级阶段是国家的自行消亡阶段,主要体现为国家机器自我完备到其外壳已无法承受日益脱离社会所带来的异化的力量,开始逐渐走向消亡。目前,世界各国的国家治理仍处于初级阶段。

社区是国家治理的组成部分和微观单元,审计作为国家治理的重要组成部分。社区治理的核心是监控公共权力的阳光运行,促进公共资源合理有效配置,妥善处理或均衡各种利益主体的利益诉求,保证公共受托经济责任的全面有效履行。这就需要建立科学合理的社区治理结构和运用适当的社区治理机制。社区治理的方式包括:第一,以政府为主导,引导市场、社会共同参与社区治理,共同管理社区公共事务;第二,建立透明政府,保证社会及公民对社区信息的获取权和知情权;第三,建立高效政府,合理配置、管理、使用社区资源,提高社区绩效;第四,通过建立相互制约的监督机制、体制和制度,防止社区公共权力无限膨胀;第五,强调责任性,明确政府、市场、社区及居委会成员等各方的责任,使责权相匹配;第六,推动法治建设,任何人不得破坏或违反法律规范下的社区秩序;第七,促进社区可持续发展,保护资源环境,不以牺牲后代人的利益为代价。

6.1 和谐社会构建中的社区治理目标

"一个公司需要治理,一个国家也需要治理。公司治理的软弱,一定给投资者造成损失;国家治理的失效,就会产生腐败和混乱,就无法让所有的投资者都得到收益的机会。"时任审计长李金华 2005 年 9 月在中央财经大学法律系主办的"中国财经法律论坛"上的演讲中如是说。关于国家、政府的治理,世界各国都在进行着积极的探索,主要的思路就是引进公司治理的框架,或者政府行政行为的企业化、市场化,集中政府管理的范围,建立一个精干高效的现代政府。参考相对成熟的公司治理的框架,结合我国社区的具体情况,认为目前我国社区治理的目标主要有以下几个方面。

6.1.1 责任

在现代民主国家,任何行政机构均应对代表人民的立法机构承担一定的责任;这种责任可以分为政治责任、行政责任、法律责任和经济责任四部分。构建政府时人们的关注点主要集中在责任履行上。可以看出,政府责任随着社会文明与民主化进程正在不断地扩充。在美国,GAO 在 1989 年发表的第三份《黄皮书》中,宣称"审计已经成为政府责任性体系的一个组成部分"。评价政府责任以保障责任的充分履行,是国家治理政府所形成责任体系的一个重要目标,这一目标从 GAO 的更名也得到了证实。从联邦会计局(General Accounting Office)到政府问责局(Government Accountability Office),表明了政府责任的重要性。治国,本质上是社会的治理,人的治理;人治理好了,社会也必然好,国家的价值也就实现了。由于"治国者必先治于民",对政府以及官员的监督必然成为治国的核心问题。基于政府治理的审计制度,必须从责任意义上将对政府以及其官员的审计监督列入基本职责。

让落实责任成为社区治理的关键。实现社区治理的途径很多,但现实的中国,明确责任,进而落实责任,是社区治理的关键所在。

首先,社区治理要求明确社区在经济生活中的责任。如果社区的经济责任不能清晰界定,那么错位、越位和不到位的情况就会不断发生。过去二十多年中,社区一直在进行政事职责分开的努力,但在经济生活中,一些社区居委会既当运动员又当裁判员的现象还是经常出现,使整个社区的规则受到很大挑战。

其次,社区治理需要将社区责任法制化。人们往往倾向于追求权力的法制化,却容易忽略责任的法制化。这样一来,由于获取权力和行使权力的成本太低,又进一步强化了社区及其居委会干部追求权力的冲动。将责任法制化,至少有三个好处:一是抑制对社区公共权力的需求,避免公权的无限扩大可能对私权的侵犯;二是增强权力行使者的责任感,让他们时刻关注权力行使的后果,改善行政行为;三是为责任的评价和考核提供前提,也就是为"问责制度"创造条件。

再次,社区治理需要依法、依规决策,严格执行。依法、依规决策,首先要规避的就是不依法、不依规决策导致的权力和责任的不对等。如果社区可以不依法、不依规决策,就难以要求社区社会组织去依法经营。依法、不依规决策和严格执行,是保证社区、社会组织和居民,各自都能享受自己的权利,督促大家各自都履行责任。严格执行,从政治的角度讲,是要维护法律、法规的尊严,让社区的每一个居民都能得到公平的待遇。从经济的角度讲,严格执行是要维持社区规则的有效性,防止任何破坏规则的人获得非法利益。

最后,落实社区责任,关键是落实有效支配社区公共资源的责任。社区的责任有很多,但有效支配社区公共资源是核心。社区的经费有街道办事处提供,街道办事处的预算分配是公共权力的集中体现,如何建立与这种权力相匹配的责任体系,应当成为全社会关注的焦点。建立刚性、透明的街道办事处预算分配制度,健全完整的街道办事处预算资金使用绩效评价体系,配套严格的街道办事处预算执行监督检查制度,是落实街道办事处、社区责任的重要环节。

综上所述,在社区治理中,社区审计应当监督社区负责人的经济责任履行情况,对社区公共权力进行制衡。社区审计是社区治理的工具,要在社区治理过程中发挥不可替代的作用。而连接社区审计监督和社区治理之间的桥梁,就是今天的审计必须关注的"责任"。

6.1.2 高效

20 世纪 80 年代以来,以英美为首的西方发达国家采用新公共管理理念,适时将绩效管理的理念和制度融入到行政改革中,提出了建立高效政府的目标,就是通过改革,使得政府以较少的成本实现公共产出的最大化。西方以建立高效政府为目标的行政改革取得了很好的效果,已成为当今世界行政改革的一种趋势。

高效社区也是一样,高效社区就是高绩效的社区运行体系,它是社区在公共事务活动中所取得的业绩、成就和影响等的综合反映,是对公共事务活动的整体要求。社区的高效体现在社区事务的决策、执行、监督或协调等全部行政运行过程。高效社区为公平的社区发展创造一个富有活力的工作和生活环境。

追求社区管理的效率一直是街道办事处和社区居委会管理追求的基本目标,也是社区管理中一个一直没有能够很好解决的问题。建立一个高效的社区,是城市基层社会治理体制改革的基本方向。社区的行为只有满足帕累托改进条件才是符合效率标准的。一个高效的社区必须努力寻找社区中可能存在的帕累托改进的机会,直至把这种机会开发殆尽。社区结构的差异性以及地域不同所带来的社区管理效率低下、社区规模膨胀成为一个普遍问题。

6.1.3 廉洁

廉洁是人们对于政府道德的基本要求，是政府及其正当性的根基。只有一个廉洁的政府才能履行好维护社会公正的责任，促进机会均等，保障公民自由权利。而腐败是构建和谐社会的大敌，"政治腐败的直接结果损及政治的结构功能，削弱政府的行政管理能力，损及政府的形象、合法性及其权威，破坏公民对国家的认同感和向心力，造成社会秩序混乱，引起社会成员对政府的强烈不满，从而导致政治不稳定。"

社区审计是推动社区党风廉政建设的有效手段，作为监督部门要在建设廉洁社区方面发挥积极有效的作用，首要一条就是要按照《宪法》和《审计法》的规定，认真履行社区审计监督职责。这就要求社区审计机构必须增强依法、依规审计意识，严格履行法定职责，始终坚持"全面审计，突出重点"的工作方针，按照实事求是、客观公正的基本原则，深化社区财务收支的真实、合法审计，加大对被审计单位遵纪守法、遵守廉政纪律情况的审计监督，促进社区、社区干部、社区工作人员勤政廉洁，尤其是促进社区领导干部的廉洁自律、率先垂范，从更高层次上发挥审计监督的职能作用。其次，要把依法加强审计监督看作是同经济领域各种违法犯罪行为做斗争的有力武器。通过审计，注意发现社区公共资金运行过程中的不正常现象，从中发现社区干部利用职权徇私舞弊、化公为私、贪污受贿、挪用公款、利用公共资金谋取私利，侵吞国家、集体资财的违法违纪案件。

6.1.4 透明

透明、公开是民主政治的一项基本原则。透明被广泛地定义为，大众能够获得有关政策和政府战略的信息。政府资讯公开、阳光下的政府等概念，是 20 世纪 60~70 年代公民权利发展的产物。1913 年美国最高法院的大法官路易斯·布兰代斯曾说："透明度是社会和经济问题的最佳药品。正像人们常说的那样,阳光是最佳的防腐剂"。国际货币基金组织(IMF)推出了《财政透明度手册修订版》,提出了政府财政透明度的四项基本要求。透明度原则同时也是世界贸易组织(WTO)的五大原则之一。透明度原则要求我国审计机关公布审计结果。党的十七大报告在有关"要坚定不移地发展社会主义民主政治。扩大人民民主,保证人民当家做主;发展基层民主,保障人民享有更多更切实的民主权利;加快行政管理体制改革,建设服务型政府;完善制约和监督机制,保证人民赋予的权力始终用来为人民谋利益"的论述中提出"确保权力正确行使,必须让权力在阳光下运行",要"完善各类公开办事制度,提高政府工作透明度和公信力"。

实行社区公开透明制度,有利于维护社区居民的合法权益,吸收社区居民参与讨论和决定社区有关事项,强化社区民主监督。可以说,没有公开透明,就无从谈起监督;没有监督,权力就要被滥用,就会腐败。社区审计是实现社区公开透明的重要环节,把公开透明变成社区工作的制度和惯例,必将大大推动我国社区依法、依规服务的进程,减少社区公共权力的滥用。透明理念就是要求社区坚决摒弃"民可使由之,不可使知之"的思想,推行阳光决策,实行政务公开,行政过程要在"金鱼缸"中,在社区的公开知晓、讨论、评判和监督中进行,将公共权力的行使和公共服务的提供置于公共和媒体的监督下,减少暗箱操作。透明的关键是要建立畅达的社区民情通道以及与居民的对话机制,使居民的声音得以进入决策、执行、监督过程,并且要有完备的保证社区活动透明的制度要件。社区服务过程的透明、信息的公开,必然会促使社区更多地为社区居民的利益考虑,保证居民的合法利益不受侵犯,并能有效防止腐败。

6.2 社区治理需求对社区审计的指引作用分析

国家审计职能定位,取决于在市场经济条件下政府的双重职能。国家审计应该通过自己的审计行为,促进政府职能的有效实现。公有制条件下政府的双重职能决定了国家审计必然在两个层面上行使着经济监督的职能：一是以政府公共管理职能的有效实现为目标，对公共财政的收入和支出以及关系国计民生的社会公共资金进行审计；对政府宏观经济调控措施及行为的效益进行审计，注重其中的经济效益和社会效益。二是以国有资产的有效运营为目标，对国有资产的经营管理情况进行审计，以此为目标进行审计，国家审计具有内部审计和社会审计的双重身份。国家审计是整个国家机器组织系统的一部分，因此，国家审计的职能自然不可能超越政府的职能，它作为确保国家机器自身动作有效与稳定均衡的机制，是国家机器组织内在监督检查机制。在这个意义上，国家审计的根本目标可被界定为通过一定的监察与控制方式，监督政府在实现目标过程中的偏差行为，辅助政府实现其当期的经济与政治目标。

对于微观基础的社区组织也是适用，社区治理导向下的社区审计是我国治理能力现代化和国家治理体系现代化的一部分，同时也是监督保证系统的重要组成部分。近年来，我国社区审计为社区加强和改进社区管理与建立完善的社区内部控制制度提供了有益的信息和意见，但是它的作用和潜能还没有完全发挥出来。之所以如此，一个重要原因是理论上对社区审计在社区治理中的监督职能定位不十分准确，社区审计监督职能的理论界定不清，直接影响着实践中社区审计作用的充分发挥。所以，进一步挖掘社区审计在社区治理中的作用和潜能，关键要对社区审计在社区治理中的职能准确定位。

6.2.1 责任社区治理要求强化社区审计对公共受托经济责任的监督机制

1991年5月在北京举行的最高审计机关亚洲组织第五届大会通过的《北京宣言》就国家审计在公共受托责任中的地位有过明确的表述："最高审计机关在增强公共责任方面有着独特的和极为重要的作用。它们可以部分地通过促进改善公共财务管理来发挥这方面的作用。"由此可见，国家审计和公共受托责任之间存在不可分割的内在联系，国家审计在公共受托责任关系中地位突出，作用独特，它致力于强化公共受托责任既是法律赋予的职权，又是其自身存在和发展的必然的职责。社会公众与政府之间的受托责任关系是国家治理的关键，当今政府改革的根本就在于塑造更向公民负责、更为有效地履行公共受托责任的政府体系。国家审计实际上是代表纳税人监督政府部门的工作绩效，它不仅关注政府责任，而且也是一种强化公共受托责任机制实现的监督机制。正因为如此，连接国家审计和治理之间的桥梁，就是今天的审计必须关注的"责任"。国家审计机关首先要关注政府在预算执行过程中的责任，还要关注政府部门履行责任的有效性，积极开展效益审计，同时，还要关注一切受托经营者的责任，促使这些受托经营者在使用人民赋予的权力时，时刻不忘对人民承诺的责任。

对于城市基层社区，社区审计既是社区民主的内在要求，又是实现社区民主的必要手段，是伴随社区发展而发生的社区治理制度变迁的催化剂。城市管理体制改革的实施，新型城镇化建设的要求，社区居民自我意识的提升，都在客观上要求中国社区加快民主化进程。在社区面向"自我管理""自我教育""自我服务"的治理体制变革过程中，社区审计也需要重新调整自己的定位，将促进建设真正对社区和居民负责，而不仅仅是对街道办事处负责的组织，并将促进社区公共经济责任的实现作为自身的基本使命。通过社区审计监督来了解和监督社区在公共资金等公共权力使用过程中的情况和所存在的问题，可以全面评价社区对居民所承担公共受托经济责任的履行情况。

6.2.2 高效社区治理要求加快向社区绩效审计为中心的转变

高效政府治理，首先是政府机构的人员必须要少而精干，其次是政府行为必须是有效率的，最后是政府应该和民众具有互动性，有比较高的效能。一个高效的政府治理对于持续发展是不可或缺的。诚如世界银行的发展报告所说："一个有效的政府对于提供物品和服务（以及规则和机构）是必不可少的，这些物品和服务可以使市场繁荣，使人民过上更健康、更快乐的生活。没有一个有效的政府，不论是经济的还是社会的可持续发展是不可能实现的"。可见，较高的效率是高效政府治理的应有之义，政府行政效率的高低是衡量整个行政管理活动的重要标准。

效率不高是我国目前社区治理中存在的一大问题。造成效率不高的原因有很多，但主要的因素是缺乏社区居民自主参与机制。现实中，一些居民对社区居委会、权力的认识仍停留在直观层面上，即通过社区居委会运用公共权力严格管理社区、控制社区，不信任社区自身作用，不断通过扩充社区居委会、增强公共权力来管理社区，让社区一味按街道办事处的意图、行政权力指向发展，忘记公共权力源于民众、服务于民众的本性。结果是社区居委会越来越臃肿，社区工作人员越来越多，社区运转越来越不灵，社区负担越来越重，社区效率越来越低下。

建立高效社区治理是整个城市基层社会发展的客观要求，是各国政府必须面对的根本问题，它同政治民主的发展、科技进步、管理科学的发展是密切相关的，它对社会、经济的发展起着至关重要的作用。当代中国政府面临着加强社区自我管理、自我服务建设，提高社区管理水平，为社区发展创造良好的居住、生活环境，提高社区的发展实力，建设和谐社会等迫切任务。在这样的时代背景下，建立高效社区治理具有重大的现实意义。建立高效社区治理是完善城市基层管理体制，适应新型城镇化建设的关键；是实现全面、协调、可持续发展，走科学发展道路的根本需要；是提高社区管理水平，构建社会主义和谐社会的本质要求。

作为服务部门，社区最主要的经济责任就是保证社区财务收支的真实性、合法性和效益性，为促进社区效率的提高，高效社区治理下社区审计的工作范围需要从单纯的财务审计向更广泛的效益审计扩展，并在促进社区公共资源有效利用方面发挥重要作用。社区效益审计作为维护社区经济责任和强化公共支出审计监督的重要环节，可以很好地促使社区正确履行经济职责，提高决策行为的科学性、经济性和效益性。从而进一步促进社区在法律、法规和规章制度的执行与遵循性方面的规范化，提高社区全面的执行能力和治理能力。

总体来说，我国社区审计目前还更多地停留在财务审计阶段，这已明显不适应我国新型城镇化建设下的社区运作机制。实现高效社区治理要求，积极推进效益审计，加快向社区效益审计为中心的转变，这是实现我国社区审计工作现代化的必然要求和迫切需要。从现阶段我国社区审计的实际情况看，我们尚不能像发达国家那样进行全面的效益审计，但"看准了的，就大胆地试"，要把社区绩效审计作为一个独立的审计类型进行探索，而不是单纯地满足于在财务审计中发现一些效益方面的问题。

6.2.3 廉洁社区治理要求社区审计加强对社区权力的制约与监督

行政权力是以政府存在为前提的一种公共权力，是管理社会的工具，对法律负责，受法律约束。权力运用得当，就能使人民赋予的权力真正为人民谋利益；权力运用不当，就会导致腐败，危害社会。在社会主义市场经济条件下，政府对经济的发展、社会的进步和人民生活水平的提高应负有更大的责任，不断改革完善提高自身的执政和管理水平。在当前政治、经济体制改革转轨阶段，问题层出不穷，给国家和政府提出了严峻的考验。而以责任政府治理为核心理念，加强经济责任审计对权力制约和监督的提出，正是出于对依法治国、经济结构调整、政治体制改革的综合考虑，必将为解决诸如效率不高、腐败、结构失衡等问题提供一种良好的制度模式。不可否认，对权力腐败治理的成败与否取决于司法机关、行政监察机关以及审计机关等多种监督机构共同作用的程度。但是，在这林林总总的权力监督机构中，经济责任审计对权力的制约和监督具有特殊的地位和不可替代的作用，这是由经济责任审计的本质特征所决定的。经济责任审计是对政府领导人的经济责任进行监督，是监督和制约权力的重要机制，是预防和治理腐败、维护最广大人民根本利益的最有效途径。经济责任审计不仅可以对国家财政财务收支进行经济监督，还可以对其他经济监督部门的监督权力进行再监督，经济责任审计是制约国家权力和防范国家权力滥用的重要手段。

从本质上说，社区审计是社区运转的"免疫系统"，是社区治理的工具，其职能作用是通过加强对社区公共权力的制约和监督来实现的。从这个意义上说，党的十七大从发展社会主义民主政治的高度，提出"完善制约和监督机制，保证人民赋予的权力始终用来为人民谋利益……重点加强对领导干部特别是主要领导干部的监督，健全经济责任审计等制度，增强监督合力和实效的要求"，是审计工作本质属性的必然要求，是审计促进民主与法制建设的重要途径，在这方面审计无疑起着十分重要的作用。第一，一切权力皆来自社区居民，对社区居民负责，这是社区审计的出发点和归宿点。在基层社会中，公共资源的管理由社区来担任，而社区公共资源的管理本身就是一种公共受托经济责任关系。社区审计是在公共经济责任关系不断发展的背景下发展变化的，随着社区居民对其认识的加深，赋予其职权也逐步扩大，只要涉及社区公共资源的使用和管理，就必须接受社区审计。这就决定了社区审计伸张的是民权，代表社区居民监督。第二，"加强对社区公共权力的制约和监督"是对审计法赋予社区审计机构职责的高度概括。"审计自它诞生起，就被作为一种制约和控制的有力工具。"基层社会的社区居民对了解社区公共经济责任有了强烈需求，解决这一问题必须在充分了解社区活动信息的基础上才有可能。而社区审计在法律保护下，对社区管理、使用公共资源的行为进行定期检查，从独立和专业角度作出客观评价，就可以向社区居民作出合理保证。第三，"加强对社区公共权力的制约和监督"是实现审计对象由"民"到"官"的转变，本身就是民主进步、法制加强的一种表现。回顾审计的职责变化情况，不难发现审计监督的核心是对公共权力的经济表现—财政的监督，这是从经济的角度来认识权力。社区应是责任、高效、廉洁、透明、法治型的社区，我国社区审计也应以此为方向，从实际出发调整其审计职责，为社区的公共管理服务，并随着社区职能的转变迈向法治化，完成对社区公共权力的制约和监督的使命。

现阶段社区审计对社区公共权力制约和监督的一个重要方面，就是建立和完善社区主要负责人经济责任审计制度。经济责任审计是社区财务审计的人格化，是中国特色的一种审计形式。近年来，我国各级审计机关继续坚持

第6章 社区治理需求对社区审计的指引作用分析

"积极稳妥、量力而行、提高质量、防范风险"的原则，加强协调指导，不断深化县以下党政领导干部和国有及国有控股企业领导人员经济责任审计，全面推进地厅级党政领导干部经济责任审计，推动社区主要负责人开展经济责任审计。加强法规建设，逐步完善社区经济责任审计制度，其作用愈来愈为世人所共识。但如何加强对社区特别是社区干部的"公共权力的制约和监督"，扩大社区干部经济责任审计，维持公共管理的责任乃是对社区审计最大的挑战。

随着新型城镇化的建设和审计全覆盖的不断完善，社区审计对社区公共权力的监督将进一步加强。社区经济责任审计应根据变化了的形势，认真对照解决存在的问题和不足，不断深化对社区公共权力的制约和监督。

6.2.4 透明社区治理要求社区审计结果公告

一个好的政府应该是民主的政府，而民主政府的权力来源于人民，应该对人民负责，它在实践中的表现形式就是政府治理的各项制度及信息应该对人民公开，保持透明。早在数百年前，西方学者就曾梦想着把政府变成"玻璃缸里的金鱼"，清澈透明。世界银行在评价政府治理透明性的作用时指出：透明政府有利于增加市场信息的有效性和精确性，降低交易成本，有助于减少腐败、增加公民参与决策的机会，给公民以知情权，从而提高决策的民主合法性。1913年，美国最高法院的大法官路易斯·布兰代斯曾说："透明度是社会和经济问题的最佳药品，正像人们常说的那样，阳光是最佳的防腐剂。"决策执行中的透明性、经济主体对相关信息的可获得性是善治中的本质要素，它有助于提高市场信息的可靠性和精确性、降低交易成本、提高政府的公信力。透明政府治理意味着对于普通大众来说的信息可及性以及政府的原则、条例和决策的明确性。

人们越来越认识到，信息就是权力，政府当局正是通过垄断公共信息来得到非法权力，即秘密决策和暗箱操作。"关起门决策"极大地增加了腐败和官员独断专行的机会。透明政府治理的核心思想就是政府掌握的个人与公共信息向社会公开，它的执行将意味着政府特权的丧失，政府治理很难继续保持神秘感或者说神圣感。也就是说利益分配公开化之后，政府治理行为不再有传统的暗箱操作，甚至政府机关还有义务在规定的时间、地点，将立法、执法、提供资讯、社会服务等诸多方面的信息公布于众，供全体公民使用，而不必询问公民需要这些信息有何用途，只要公民有这方面的需求，政府机关就有义务提供，而公民也有权利获取、使用。

社区服务也应该透明。透明社区治理要求社区居委会透明、社区决策透明和服务行为透明。在透明社区治理中，社区居民有权知道社区在做什么，社区为什么要这样做以及社区是怎么做的。明确了社区居委会及各专业委员会的设置体系、职能分工以及社区工作人员的职权范围，社区居民的监督就会减少社区居委会工作人员滥用权利、社区负责人之间争夺公共权力和相互扯皮的现象；社区决策透明最重要的是社区重大事项决策过程公开和结果公开。社区所有的规定、决定必须公之于众，而且制定的过程必须接受社区居民、社会组织的参与和监督，使决策公开化、民主化，实现决策的合理化、科学化。社区服务行为公开便于社区居民自主参与和监督，激发公众对政治的参与热情，便于服务相对人获取来自行政部门或司法机关的法律救助。

透明社区治理的一个关键要素是社区居委会的公信力，首当其冲的是使社区居民对于所有公共账目和审计报告的审查成为可能。2001年，IMF推出了《财政透明度手册（修订版）》，对政府财政透明度进行了一般性的总结与规范，并提出了政府财政透明度的四项基本要求，其中对真实性的独立保证特别强调了财政信息应受到独立的检查，国家审计机构应向立法当局和公众及时提供政府账户财务真实性的报告。这一要求实质上就是对社区审计结果公告提出了基本的要求。随着新型城镇化的建设和审计全覆盖的不断完善，以及社区居民自我意识的不断增强，不仅社会组织和社区居民对社区的财务收支信息引起了强烈的关注，而且，这些要求对于社区审计结果有效公开具有重大的借鉴意义。

社区审计结果公告，是指社区审计机构向社会公众公开审计管辖范围内重要审计事项的审计结果，即向社会公众公开审计报告、审计意见书、审计决定书等审计结论性文书所反映的内容。社区审计结果公告也就是通常所说的报告权和公布权，是指社区审计组织者有权将审查结果报告给授权机构，有权将审查结果公布于众。公告审计结果是国际通行的惯例，各国审计立法对报告权和公布权都有相应的规定。在发达国家，审计工作的效果很大程度上取决于审计报告的公开性，它同时也是衡量国家审计组织独立性和客观性的重要标志。20世纪90年代以后，善治成为世界各国普遍追求的政治理想。善治（Good Governance），即好的治理，成功有效的治理，就是使公共利益最大化的社会管理过程。善治的本质特征就在于它是政府与公民对公共生活的合作管理，是政治国家与公民社会的一种新型关系，是两者的最佳状态。它实际上是国家的权力向社会的回归，是一个还政于民的过程。俞可平认为，善治的基本要素之一是透明性，它指的是政治信息的公开性。每一个公民都有权获得与自己的利益相关的政府政策的信息，包括立法活动、政策制定、法律条款、政策实施、行政预算、公共开支以及其他有关的政治信息，以便公民能够有效地参与公共决策过程，并且对公共管理过程实施有效的监督。透明程度愈高，善治的程度也愈高。

在社区审计中，不论是社区合规性审计还是社区绩效审计，均有比较完整的体系，包括审计方法、审计程序、审计范围和法律责任等。其中，审计结果公告是社区审计体系中的重要内容，它是向社会公众披露社区等公共服务部门的财务信息和审计机构审计工作的主要方式。信息就是一种权利。披露社区审计信息实际上等于是一种权利的社会分享过程。社区审计结果公告是社区民主的基本要求，审计要促进社区居委会相关信息的公开化和透明度，必须如实向社会公众披露社区审计结果，将其置于社会及公众监督之下。从根本上说，社区居民是社区审计真正的委托人，向其如实报告审计结果并为其服务，是社区审计监督的根本出发点和立足点，也是社区审计结果公告制度的基本理论依据。社区审计结果公告，本身就是对社区公民知情权、参与权和监督权的肯定和保护，有助于"健全民主制度，丰富民主形式，扩大公民有序的政治参与，保证人民依法实行民主选举、民主决策、民主管理和民主监督。"

6.3 本章小结

社区治理的核心是监控公共权力的阳光运行，促进公共资源合理有效配置，妥善处理或均衡各种利益主体的利益诉求，保证公共受托经济责任的全面有效履行。社区治理的目标是责任、高效、廉洁、透明。这就需要建立科学合理的社区治理结构和运用适当的社区治理机制。社区治理的方式包括：第一，以政府为主导，引导市场、社会共同参与社区治理，共同管理社区公共事务；第二，建立透明政府，保证社会及公民对社区信息的获取权和知情权；第三，建立高效政府，合理配置、管理、使用社区资源，提高社区绩效；第四，通过建立相互制约的监督机制、体制和制度，防止社区公共权力无限膨胀；第五，强调责任性，明确政府、市场、社区及居委会成员等各方的责任，使责权相匹配；第六，推动法治建设，任何人不得破坏或违反法律规范下的社区秩序。

社区治理对社区审计具有较强的指引作用。（1）责任社区治理要求强化社区审计对公共受托经济责任的监督机制。（2）高效社区治理要求加快向社区绩效审计为中心的转变。（3）廉洁社区治理要求社区审计加强对社区权力的制约与监督。（4）透明社区治理要求将社区审计结果进行公告。

第 7 章

社区审计的实施路径分析

7.1 社区审计的主要目标、方式

7.1.1 社区审计的主要目标

政府审计的目标是监督财政财务收支的真实性、合法性和效益性。真实性着重解决财政财务收支活动是否确实存在，有关资料记录是否客观、全面、准确；合法性着重解决财政财务收支活动是否符合国家法律法规和规章规定，有关资料编报是否符合财务通则、会计准则及有关制度规定；效益性着重解决财政财务收支活动是否经济合理，富有成效。因而社区审计的目标是主要监督社区财政财务收支的真实性、合法性和效益性，包括对社区党支部书记和社区居委会主任经济责任的履行情况所进行的监督、鉴证和评价活动，任期经济责任审计的内容包括社区财政、财务收支情况、社区资产负债情况、执行国家财经政策法规情况、经济责任目标完成情况、国有和集体资产保值增值情况、重大项目投资情况、个人廉洁自律情况。

7.1.2 社区审计的主要类型

社区审计的主要类型包括社区财务收支审计、社区经济责任审计和社区专项审计等。社区财务收支审计主要包括社区财务状况的真实性、合法性，例如各项收入是否及时、足额入账，有无坐收坐支；有无侵占、挪用、私分集体资金和私设"账外账"或"小金库"；是否超标准发放村干部工资、奖金和补贴；是否违规开支应由个人承担的各种费用；有无滥用职权侵占、挪用和长期占用集体资金等。

社区经济责任审计是对社区党支部书记和社区居委会主任经济责任的履行情况所进行的监督、鉴证和评价活动，任期经济责任审计的内容包括社区财政、财务收支情况、社区资产负债情况、执行国家财经政策法规情况、经济责任目标完成情况、国有和集体资产保值增值情况、重大项目投资情况、个人廉洁自律情况。社区主要负责人受托行使公共经济决策，权力理应受到监督，社区经济责任审计的目标是社区主要负责人履行经济责任的监督、鉴证和评价，不仅包括社区资产负债及收支的真实性，而且包括社区重大公共服务的决策、执行、监督的合理性、效率性、效果性及重大项目投资的效果性、环境性等。这明显不同于社区财务审计的目标：对社区年度财务活动的真实、合法和效益情况进行监督和评价（梁雪铖，2009）；也不同于一般的绩效审计目标：针对某一项目或系统的经济性、效率性、效果性进行监督和评价（冯来强，2007）。我国经济责任审计是一项具有中国特色的经济监督制度（蔡春、陈晓媛，2007），包含经济性、效率性、效果性、公正性和环境性的精神实质。由此可见，社区经济责任审计是一项具有中国特色的经济监督制度，是现代审计制度在中国基层社区的一种创新。

社区专项审计主要包括专项资金管理情况。上级划拨专项资金、社会捐赠资金和物资的管理、使用情况；土地补偿费设立专户管理、使用情况；农村合作医疗资金的管理、使用情况；强农惠农资金的使用和发放情况等。

7.1.3 社区审计的主要开展方式

社区审计的主要开展方式包括内部审计、政府审计和社会审计三种。《中华人民共和国居民委员会组织法》也明确规定要对社区居委会成员实行年度财务审计和离任经济责任审计，这些规定均构成社区审计参与社区治理的直接法律依据。2014年中央纪委机关、中央组织部、中央编办、监察部、人力资源和社会保障部、审计署、国资委联合发布《党政主要领导干部和国有企业领导人员经济责任审计规定实施细则》，明确规定审计机关可以对村党组织和村民委员会、社区党组织和社区居民委员会的主要负责人进行经济责任审计。从上述的法律法规规定来看，社区审计可以在多个方面发挥其在社区治理中的支持作用，尤其是在监督社区公共资金使用管理绩效和社区主要负责人经济责任评价方面。另外，审计参与社区治理，也均有各自的法律依据：从政府审计方面来看，《审计法》规定，政府审计对象包含运用公共财政资金的所有方面，社区工作经费作为财政支出的重要组成部分，对社区财政工作经费进行监督评价是政府审计机关的法定职责。《审计法》还规定，经本级人民政府批准，审计机关可根据工作需要，在其审计管辖范围内设立派出机构，这为审计机关深入基层社区，服务社区治理预留了法律空间。从内部审计方面来看，当前对社区集体经济组织的审计主要是由街道办事处审计所，依据《街道办事处审计工作制度》《集体经济组织审计规定》等执行具体审计工作，很多时候，街道办事处审计所执行的审计被归为内部审计类型，但事实上其具有明显的外部性。真正意义上的内部审计，目前在社区集体经济组织中还不多见，主要是因为社区集体经济发展还不充分，并非没有法律依据，《审计署关于内部审计工作的规定》虽然没有对基层社区内部审计建设提出明确要求，但其总体思想是积极的。从社会审计方面来说，由于业务开展是建立在委托关系之上，只要存在合法的委托代理关系，社会审计就可以承接，受到的限制较少，因而其进入社区领域，服务社区治理也具有合法性。

社区治理是一项复杂的系统工程，面临着十分复杂的内外部环境，完善社区治理需要社区审计监督。但是，当前社区审计支持社区治理还存在思路不清、模式各异等问题，抑制了社区审计支持作用的充分发挥。要切实发挥社区审计在优化社区治理内外部环境中的综合支持作用，不能将视野局限于政府审计、内部审计和社会审计三者中的某一种，而是三类审计主体均应在各自权责范围内发挥应有作用，各有侧重，有序共存，共同推进社区良治。

7.2 内部审计参与社区治理的模式构建

7.2.1 社区治理引入内部审计的需求分析

有效的内部审计有助于治理结构中权力制衡机制的有效运行，是治理结构的重要组成部分。内部审计制度建立的理论依据源于委托代理理论，构建内部审计制度旨在监督基于委托代理关系产生的受托责任，维护委托人的利益。我国社区内部治理结构中存在着居民与居民委员会、居民与集体经济组织以及居民与物业单位之间的多重委托代理关系。以政府委托代理关系为依托，拥有社区集体资产"所有权、管理权、处置权和监督权"的全体居民，将集体"三资"的管理权委托给了居委会或集体经济组织代为行使，保留了审计监督权。但是，在现有社区治理结构中，权力制衡机制还不完善，存在许多问题。首先，作为委托人的全体居民作为一个整体，由于存在"搭便车"现象，具有较弱的谈判和监督能力；其次，作为代理人的居委会成员或集体经济组织负责人拥有充分的决策权，在信息不对称的治理环境下，代理人作为"理性经济人"可能不履行、不完全履行或越位行使受托责任，损害广大居民的利益。由于居民直接监督的能力较弱，居民与居委会或集体经济组织之间存在潜在的利益冲突，居民对代理人能否正确、完整履行受托责任存在疑虑。由此产生了引入内部审计，缓解信息不对称、保障治理主体利益的迫切需要。另外,不断壮大的社区集体经济也对能够服务于组织增值的内部审计产生了强烈的需求动机。

通过设置社区专职内部审计员制度,指定专人负责社区内部审计活动相关的工作,以此来监督、规范和引导社区治理行为。其发挥的是全面监督、日常监督和事中监督职能,在支持社区治理中具有特殊优势。首先,专职内部审计人员扎根社区,对社区情况更为了解,容易抓住治理过程中的关键风险点,把握审计工作重点。其次,专职内部审计人员由于专门从事内部审计工作,可以集中精力,学习专业知识,积累专门经验。再者,社区专职内部审计员制度作为一种常设监督机制,可以根据社区治理过程中产生的实际需要,适时开展针对性审计工作,及时发现问题,防止治理风险扩大化。最后,职能不断转型升级的内部审计除了可以监督治理主体治理行为真实、合法与否外,还可以发挥增值服务功能,服务内容更加全面,有利于推动社区内部控制和治理结构的不断完善。

7.2.2 内部审计参与社区治理的组织模式设计

合理的审计组织模式是充分发挥审计职能、实现审计目标的前提和基础。内部审计能否有效服务社区治理,有赖于科学有效的组织模式设计,审计组织模式主要包括审计的领导体制、组织结构和运行机制等。

1. 领导体制

社区专职内部审计员制度设计中,其领导体制的设计必须遵循独立性和权威性原则。本书认为,社区专职内部审计员应由社区居务监督委员会领导,独立于社居两委,其依据是:居务监督委员会拥有民主理财的法定职责,但通常难以进行日常性监督,在其领导下设置专职内部审计员,促使民主理财常态化;居务监督委员会成员由居民(代表)会议在居民中推选产生,委员会在很大程度上代表了居民利益,也具有相应的权利。另外,专职内部审计员在居务监督委员会的领导下开展工作,一方面内部审计工作环境、工作经费不受社居两委的限制，独立性较高；另一方面内部审计能获得居务监督委员会给予的一定授权，可免受外界过多干扰，工作阻力小，权威性也高。此外，区县级审计机关或内审协会应加强对社区专职内部审计人员的业务指导。如此安排，可以保证其具有较高的独立性和专业胜任能力，保障内部审计在社区治理中作用的有效发挥。

2. 组织结构

社区可根据社区治理的实际需要配备数量适当的专职内部审计人员，人员数量可以按照社区人口或集体经济总量的一定比例配备。内部审计人员由居务监督委员会推举，由居民（代表）会议委任，可连选连任。专职内部审计人员应掌握基本的财会、管理知识，并具备一定的学习能力，但社居两委成员及其直系亲属和近亲属均不得担任，内部审计经费纳入社区运转经费，由区县财政拨付。

3. 运行机制

运行机制是引导审计决策并与人、财、物密切相关的各项基本政策和制度，可以使审计活动协调、有序、高效运行。运行机制主要包括任务管理机制、资源管理机制和成果管理机制等多个方面。

居民（代表）会议和居务监督委员会可以委托专职内部审计人员对居民关注的热点和难点问题进行专项审计，并及时反馈审计结果，解决居民与社区居委会及集体经济组织之间信息不对称问题。对于内部审计自身能力无法满足的审计事项，可以委托外部审计来开展，内部审计人员可向居务监督委员会提供推选建议，供居务监督委员会参考和选择。在外部审计人员进社区审计时，内部审计人员应积极配合，并开展同步审计，积累业务经验。对于不符合成本效益原则，没有实施必要的审计事项，应向居务监督委员会说明原因。

专职内部审计员通过审计工作形成的内部审计成果，应该遵循全面性、及时性和可理解性等原则，对内部审计成果应实行面向社区居务监督委员会和社区两委的双向报告制度，社区居务监督委员会应向居民（代表）会议提交审计报告。此外，居务监督委员会还应就完成审计监督的过程，定期向居民（代表）会议报告，接受居民（代表）会议的质询，以增强居务监督委员会及专职内部审计人员工作的透明度。

7.2.3 内部审计支持社区治理的职责范围

审计职能的有效发挥很大程度上取决于为审计主体设定合理的审计职责。因此，在社区治理过程中，要有效发挥内部审计的上述功能，必须合理设置社区内部审计职责。

1. 开展社区财务收支审计，规范社区财务管理

由于当前社区财务管理不规范，财务问题频发，对社区财务收支的监督依然是内部审计参与社区治理的最基本内容。专职内部审计人员开展社区财务审计的内容主要包括：审查社区居委会、集体企业各项收支的真实性与合理性。关注社区管理费、社区改造资金等各项支出审批及入账程序是否规范、合理，各项收入入账是否及时、完整，有无私设"小金库"、账外账等情况；审查居委会或集体经济组织管理集体"三资"的合法性和效益性。关注有无利用职权侵占、挪用、私分集体资金，非法转让或者变相侵吞集体资产，在土地等集体资源的承包、租赁、担保和出让过程中，是否履行民主公开程序，签订规范的承包合同等；审查征地及其补偿是否合法，补偿款是否按标准及时补偿到位；审查社区公共基础设施建设项目的财务收支是否真实合理，筹资筹劳、招投标是否符合国家有关规定；审查禁烧、超生、违建罚款的收取及金额是否合法、足额，上缴是否及时等；审查社区债权形成、债务举借行为的合规性、真实性和经济性。如举债程序是否合规，举债成本是否合理，担保或抵押是否合规，债权债务化解是否及时等其他需要审计的事项。

2. 开展社区干部经济责任审计，推动基层廉政建设

社区干部的日常工作直接面向广大居民，直接影响到基层民众对于廉政社会的感知，加强对社区干部经济责任的审计尤为必要。由于我国基层社会实行的是居民自治制度，因而由社区内部审计开展社区干部经济责任审计最能回应当前社区管理体制的要求。社区领导干部经济责任审计的审计内容主要包括：社区财务收支情况，集体资产管理情况，债权债务管理情况，专项资金使用管理情况，任职期间各项经济责任目标完成情况、村务公开情况、勤政廉政情况以及居民关注的其他事项。对社区干部的经济责任审计不应只集中在任期内，而是应该从社区干部上任到离任的整个过程，即干部离任必须审、干部任中必须审、干部调整必须审、社区换届必须审。逐步实现从事后监督为主向事前、事中、事后全过程、立体式监督转变，做到干部权力行使到哪里，审计监督就跟踪到哪里。通过客观公正地评价社区干部经济责任履行情况，为正确考核和任免干部提供可靠依据。

3. 评价社区内部控制制度，完善社区治理结构

内部审计既是内部控制系统不可或缺的重要构成，又是实现内部控制目标的重要手段。在社区治理过程中，建立健全内部审计制度本身就是完善社区内部控制和治理结构的重要内容。良好的内部审计制度不仅能够除弊，而且能够兴利、增值，兼具防御性和建设性作用。内部审计可以通过开展社区财务审计、社区干部经济责任审计发现社区治理失范行为，为居委会改进内部控制、完善治理结构提供咨询和建议。随着内部审计职能不断转型升级，内部审计职责范围也不断地拓展延伸，对集体经济组织内部控制的评价也应成为社区专职内部审计员的重要工作内容。在当前的社区治理结构中，居委会、集体经济组织的内部控制制度不健全，社区治理相关环节分工不明确，社区干部拥有现金控制权和审批权，自批、自领、自用的现象时有发生，损害了居民的利益。社区专职内部审计员可以通过持续的内部控制测试与评价将审计范围延伸到社区治理活动的方方面面，为健全内部控制制度、完善社

区治理结构提供合理建议，推动实现社区良治。

7.3 政府审计参与社区治理的模式构建

7.3.1 社区治理引入政府审计的需求分析

社区治理是国家治理的微观体现，其基础性和广泛性地位决定了它是国家治理的重要方面。只有在中国广泛的城市基层社会实现良好治理，才能构筑起国家善治的坚实根基。

在国家大力支持新型城镇化建设和社区治理过程中，资金支持规模大，参与调度管理的基层人员多，涉及的环节也多，如何保证各项资金恰到实处地为社区服务，确保各级管理者以身作则、廉洁从政，客观上需要审计这一相对独立的外部监督机制来加以约束。

政府审计具有审计国家财政资金的法定职责，社区工作经费作为财政支出的重要组成部分，理应成为政府审计的重点内容。随着政府审计职能的不断拓展升级，逐渐在资金监管、绩效评价、廉政风险防范、政策评估以及环境保护等方面都发挥了无法取代的作用。政府审计在法定权责范围内服务社区治理，是辅助科学决策、监督政策运行的有力手段；是规范社区资源管理、提高建设绩效的重要途径；是督导新型城镇化建设科学推进，实现社区长远发展的现实需要；也是规范和制衡基层权力运行、加强廉政建设、实现城市基层社会和谐稳定的重要保障。本书认为，可通过设计审计机关街道审计特派员制度，更好地促进上述任务目标实现。

7.3.2 政府审计参与社区治理的组织模式设计

审计机关街道审计特派员制度即是在取舍现有由政府部门主导的街道审

计模式利弊的基础上实现街道审计模式的创新，该制度的优势包括但不限于：无须在街道常设机构，节约经费；可根据业务需要，统筹安排，打破了街道间的条块分割；审计员审计对象不固定，流动性强，能够保证较强的独立性。

1. 领导体制设计

政府审计支持社区治理的组织模式创新，首先需要理顺审计的领导体制，明确其性质，准确定位。本书建议将原属于街道办事处的审计所审计纳入到政府审计体系，由区县政府审计机关主管，接受区县政府审计机关的垂直领导。审计人员的任免、待遇由区县级审计机关统筹，并只对审计机关负责。只有这样，社区审计才有望摆脱街道办事处内设审计机构监督无力以及审计模式定位不清、性质模糊、独立性差等不利因素，利用政府审计的严肃性、专业性和权威性，重塑审计在城市基层社会的公信力。

2. 组织结构设计

组织结构设计应秉承精简高效原则。按照新模式，在区县级审计机关内部专设街道审计监督指导中心，负责安排区县域内各街道财政财务审计、街道领导干部经济责任审计、社区干部经济责任审计等职责范围内各项审计任务，并督促审计整改与追责。街道审计监督指导中心可根据各街道经济体量、财政资金的流向和流量等实际需要，酌情派遣审计员，如确需配置审计办事机构，还应报区县级审计机关和政府批准。指导中心内部可酌情分设行政、人事、业务、投诉和问责等处室。通过职能划分，明晰权责，各司其职，形成科学有效的工作机制，更好地开展审计工作，服务社区治理。

3. 运行机制设计

任务管理机制。在审计任务管理中，审计监督中心应对年度常规审计任务、专项审计事项、上级指派任务以及群众关心或举报事项进行分类动态管理，分清轻重缓急，合理选择、计划并实施审计工作，有效的配置审计资源。通过提高信息化水平，逐步实现对审计项目从审计对象、人员安排、计划方案、实施进度、报告档案等进行全程监控，实现审计任务的全程动态管理。为弥补自身力量不足，政府审计应通过广泛联合各方审计力量，实现审计绩效最大化。对设有内部审计机构的被审计单位应充分利用其工作成果，以提高审计效率，节约审计资源。另外，将部分监督权委托给社会审计是经济有效的选择。通过探索互利共赢的协作模式，既可以利用社会审计机构的人力资源优势，同时又能利用政府审计的权威性保障社会审计的审计质量。

资源管理机制。在审计资源管理中，需要对审计所必需的人、财、物力进行管理。第一，在人力资源管理方面，应整合现有审计人力资源，加强培训教育，优化知识结构。还可通过向区县党委、政府积极争取增加人员编制或将原属街道办事处审计所的审计编制上收归于审计机关以缓解人员不足压力。第二，在经费管理方面，审计机关应积极争取区县政府的重视和支持、加大财政预算投入。另外审计机关和人员也应树立成本意识，提高审计效率，降低审计成本。第三，在物力资源筹集方面，为降低审计成本，也为审计工作提供便利，可责成街道办事处为审计机构或人员配备和安排必要办公场所和交通设备，为开展审计工作提供便利。

通过明确和完善审计项目公告的程序、内容、格式、形式等，指导审计结果公告行为。社区审计结果公告应充分考虑社区的实际情况，合理使用发布载体，确保审计结果能为居民群众知悉。例如，考虑到基层社区报纸发行及网络建设的滞后性，可以更多地采用审计完成后就地召开新闻发布会，在社区政务公开栏张贴审计公告、在区县广播电视等媒体中开辟专栏，印发单行本等形式公开审计结果，而不是仅仅表现为审计机关领导的年度工作报告。对审计发现的违法线索，指导中心可经由审计机关相关职能部门或直接向纪检、监察、公安等部门移送涉嫌刑事犯罪的审计发现，共促审计整改。

7.3.3 政府审计支持社区治理的职责范围

根据社区治理的内在要求，政府审计应在法律允许范围内准确设定自身职权，明确在支持社区治理过程中的任务和目标。应在提高资金绩效、推进廉政建设、深化政策评估、加强环境保护等方面合理拓展审计范围，发挥政府审计在推进社区良治中的作用。

1. 重抓专项资金审计，监控资金安全与绩效

街道审计监督指导中心应以"全面审计、突出重点"为原则，将资金和项目作为一个整体，对社区财政资金的申报分配、运作管理、产出效益等各环节进行全程审计。如在审查真实性、合规性基础上，重点评价资金项目的使用绩效。对社区财政资金及项目审计的内容包括但不限于：审查项目申报的真实与合规。运用调查、分析等方法，对社区财政项目申报材料的可靠性和完备性进行评审，审查立项的可行性和项目预算的经济合理性。审查项目资金的流向和流速。在摸清所审资金的性质规模、来源渠道、主管部门以及具体用途的基础上，审查资金是否公平、足额、安全地投入到规定项目，有无随意分配、截留、挪用、转移等问题（即流向）以及分配指标是否在规定的时限内及时下达，有无滞留、闲置问题（即流速）。审查项目管理的效率和质量。主要审查项目招投标制度、项目法人制、工程监理制等项目管理制度的执行情况，对社区重点建设项目的实施、竣工结算和验收情况进行跟踪审计，及时发现、揭示和纠正项目管理上存在的问题和缺陷，并提出针对性改进建议。审查资金使用的效益和效果。通过综合利用财务、经济等指标对社区项目的功能特点、受益范围和预期目标的实现程度进行后续跟踪审计，综合评价项目的经济、社会、资源与生态效益。

2. 加强社区经济责任审计，推进基层廉政建设

依据《审计法》《党政主要领导干部和国有企业领导人员经济责任审计实施细则》等有关法律法规对政府审计的权责划分，审计机关从社区经济责任审计角度服务于社区治理，其审计的对象主要包括街道办事处和社区领导干部。这些主体在社区治理中扮演特殊角色，处于特殊地位，担负着新型城镇化建设和社区治理的重要经济责任。街道办事处领导干部和社区领导干

部经济责任的履行情况直接关系到党和国家城市政策的贯彻落实和各项事业的发展。加强对其任职期间科学决策、行为效果、公共责任以及公众满意度等经济责任履行情况的审计，公正、客观地分析评价经济责任履行情况，并将评价结果作为考核、任免和奖惩的重要指标，以激励基层领导干部依法行为，更好地服务社区治理。对街道办事处领导干部和社区领导干部经济责任审计的主要内容包括仍不限于：本区域财政收支的真实、政府投资和以财政投资为主的社区基建重要项目建设管理的合法和效益情况；社区债务的举借、管理和使用情况以及社区干部的勤政廉政情况等。审计的过程中，应当特别关注党和国家有关城市管理体制改革的方针政策和新型城镇化建设决策部署的贯彻执行情况，制定、执行社区重大经济决策的经济、社会和环境效益情况等。此外，街道审计监督指导中心还可基于街道办事处、社区居委会、居民（代表）会议或社区居务监督委员会的委托，对社区居委会成员开展任期和离任经济责任审计。

7.4 社会审计参与社区治理的模式构建

7.4.1 社区治理引入社会审计的需求分析

社会审计由于市场化程度较高，工作方式灵活，受到的限制较少，可以在更大范围内支持社区治理。本书认为，可以通过建立社区账务社会审计人员鉴定制度作为社区治理审计支持作用发挥的重要补充。

社会审计经过几十年的发展壮大，已经成为维护国民经济健康发展不可或缺的重要力量，在提高信息质量、维护经济秩序、引导资源合理配置、促进社会公平正义等方面做出了重要贡献。当前，社会审计服务于公司治理和国家治理等领域成果颇丰，但由于审计准则、制度和环境条件不够成熟，社会审计在延伸对社区治理的服务方面，发展明显滞后。随着新型城镇化建设的持续推进以及社区集体经济的快速发展,社区治理活动中对于社会审计的需求正逐渐扩大。例如,国家逐年加大对社区的财政资金支持力度(包括资金数额的增加以及惠及范围的扩大),审计机关在安排社区财政资金审计工作时常常会面临审计人员短缺的局面,而相关的重要事项又不得不审,此时就产生了政府审计对专业人才比较齐全、业务水平及审计质量较高的社会审计的需要;再如,在部分社区市场化程度较高的地区,社区集体经济组织可能已经或将要经过改制成为独立的法人实体,根据相关法律的要求,企业设立时的资产评估和验资业务以及编制年度财务报表业务等,均会产生选聘社会审计机构进行审计的需要;此外,"社账街管"能力不足也对注册会计师提供代理记账服务产生了迫切需求。将部分社区审计业务委托给社会审计机构进行审计,由政府审计机关或社区内部审计人员对其工作成果进行验收和再监督,是一种经济有效的选择。随着社区市场化程度逐步提高,城乡一体化进程加快,社会审计进入社区市场开展业务成为必然趋势,社会审计积极拓展服务领域,服务社区治理和新型城镇化建设,有望成为注册会计师行业,尤其是地方性中小会计师事务所具有相当增长潜力的蓝海市场。

7.4.2 社会审计参与社区治理的相关制度设计

1. 机构选择

关于选择社会审计机构开展社区审计的方式有多种:区县审计机关可以根据委托主体的实际需要,以公开招标的方式选择中介机构,凡是依法登记设立、熟悉社区审计业务或对社区审计市场前景看好的社会审计机构,都可以提出申请,由审计机关依据投标条件,择优选聘。另外,区县审计机关还可以通过设立社会审计机构备选库,供街道办事处或社区有审计需求时,从备选库内选择,但不得对社区委托社会中介机构办理业务施加干预。审计机关和行业协会应加强对社会审计机构开展社区审计质量的监管。

2. 审计收费

社会审计机构开展社区审计工作有权收取审计服务费，审计服务费支付应依照"谁委托，谁付费"的原则。由区县审计机关或街道办事处委托的审计事项，直接在政府财政预算中列支。由居民（代表）会议委托的社区财务审计工作，原则上应由居民集体付费，但考虑到社区集体经济较弱，财政可以通过奖补措施，全额或部分承担审计费用，减轻审计费用负担。基层财政、审计、物价等相关部门应会同行业协会，在充分调研的基础上，细化审计收费标准，激励、引导和规范社会审计机构开展社区审计业务收费。审计机关、行业协会还可以考虑鼓励社会审计机构进行公益审计形式的劳务捐赠、以声誉激励及精神奖励调动其工作的积极性，让社会审计机构承担部分社会责任。鼓励社会审计机构免费或以明显低于市场价的较低价格为部分确有困难的社区短期提供具有一定质量保证的审计服务。社会审计已经发展到一定阶段，开展适当的公益审计不但不会影响自身的生存和发展，反而会扩大自身品牌影响力，促进长远发展。

3. 结果报告

由于审计工作形成的审计成果（主要表现为审计报告）主要是给广大居民看的，而他们绝大多数是非专业人士，因此，社会审计机构应该出具详式审计报告，而不是像公司年报审计那样出具格式化审计报告，报告结构安排、词句用语应通俗易懂，对于居民关心的社区收入和支出等信息，信息量应充分。可以在审计报告后附审计报告使用说明，更好地满足居民对社区财务公开、透明的需求。

7.4.3 社会审计支持社区治理的业务范围

在服务社区治理过程中，社会审计机构开展社区审计的对象可分为两大类：一是对社区集体经济管理组织经营管理活动的审计，二是涉及财政资金和项目的审计。社会审计既可以接受社区居务监督委员会或其他居民自治组织的委托对社区居委会领导干部、社区集体经济组织以及社区账务代管机构进行审计，着力于服务社区产业化、社区政务公开化等重点领域，拓展对社区经济、社会管理和居民利益维护等方面的专业服务。也可以接受区县审计机关、街道审计监督服务中心或街道办事处委托，积极参与对涉及财政资金、项目的监督，强化对国家财政资金投入、使用和管理。社区治理中，社会审计机构业务范围涵盖：提供审计鉴证服务，如可接受社区居务监督委员会的委托开展社区集体经济组织财务账表真实性和合法性审计，财政支持、社会捐赠形成的款项、物资使用管理的真实性和效益性审计，社区集体"三资"经营管理的效益性审计，"一事一议"筹资筹劳的合规性和效益性审计，社区干部经济责任审计等。还可接受政府部门或审计机关的委托开展城市综合开发资金及其他财政专项资金效益审计等；提供管理咨询服务。包括但不限于：帮助涉及财政资金项目和社区集体经济组织引进、测试内部控制，辅助建立规章制度，开展代理记账、报账等服务。提供其他服务，如提供基层社区会计人员培训服务等。

为确保社会审计进入社区审计领域的合法性、合理性，充分发挥社会审计机构在完善社区治理中的综合监督服务作用。需要国家相关职能部门积极行动，进行相关的配套改革，为社会审计进入社区治理领域营造良好环境，并通过提供完善的法律依据和可操作的执业标准，使其工作开展有法可依、有章可循。

7.5 HN 省 CS 县社区审计实例

2008 年 10 月，HN 省 CS 县政府下发《关于全面加强审计工作的通知》，要求以政府购买服务的方式，经公开招标引入社会中介机构，通过政府委托的方式参与审计机关对社区（村）的审计。2008 年起至今，CS 县审计局按"两年审一次，一次审两年"的标准，已完成 693 个社区（村）审计项目（涉及 297 个村、社区），查处了大量违规违纪资金和管理不规范资金，向纪委及相关主管部门移送案件线索 60 余起。

7.5.1 探索政府委托审计，整合社会资源

鉴于审计法律法规"审计机关不得将其职责范围内的审计事项委托社会会计中介机构办理"的规定，CS 县委、县政府创新性地引入社会中介机构参与审计工作，确定"县人民政府委托，社会审计组织独立审计，审计部门指导协调"的模式，即 CS 县政府每年年初下达年度委托审计计划，审计机关与社会中介机构签订合同、收取廉政保证金并负责业务指导、质量把关以及年度绩效考核，社会中介机构独立出具审计报告，在制度层面确保了村级社区财务审计实行"政府委托审计"的切实可行，形成了国家审计当主导、单位内部审计为基础、社会审计作补充的良好局面。为此，CS 县财政每年拨付专项审计工作经费 200 万元，批准 CS 县审计局专门成立一个二级事业机构——审计监督局，配备 5 名工作人员，负责政府委托审计工作，从机构、人员和经费上给予充分保障。

7.5.2 创新审计组织方式，突出审计重点

一方面，推进村（社区）干部经济责任审计试点，将村级财务审计与村（社区）干部经济责任审计相结合，对任期较长的和群众意见较大的村（社区）干部先开展经济责任审计，并逐步推广到全县，实现由财务收支审计逐步向村（社区）干部经济责任审计过渡。完善纪委、监察、财政、民政、农办、审计等部门联合工作机制，促进建立健全村（社区）干部监督约束机制。另一方面，实行"六统一，六确保"，统一审前业务培训，确保审计人员的业务素质；统一制订审计工作方案，确保审计重点和审计内容全面到位；统一组织审计进点会议，确保该项工作有序推进；统一进行工作督查，确保审计工作效率；统一指导答疑，确保审计政策的一致性；统一审

报告格式，确保审计公文的规范性和严肃性。

7.5.3 强化中介组织监管，提高审计质量

通过整章建制、公开招标、抽查复审等多种方式加强对中介机构的监管，以提高审计质量和效率。一是整章建制。县政府下发《CS县引入社会中介机构实施审计监督的暂行管理办法》，加强对社会中介机构的管理监督；审计、监察、财政、招标采购等部门联合制定《CS县引入社会中介机构审计绩效考核办法（暂行）》，对参与政府委托审计的中介机构的工作业绩进行了综合考核，建立了优胜劣汰的竞争机制；审计机关制定《CS县政府委托审计项目质量控制制度（暂行）》，规范政府委托审计工作的具体操作办法，确保审计项目质量，这些制度的建立，为稳妥开展政府委托审计工作提供了坚实的保障。二是奖惩并重。建立中介机构项目库，实行优秀项目评审和末位淘汰制，每年组织两次对各中介机构政府委托审计工作的绩效考核，对工作业绩突出的会计师事务所予以奖励，对考核排名末位的会计师事务所终止其继续参与政府委托审计工作的资格；对审计过程中有不廉洁行为的会计师事务所直接列入黑名单，不得进入政府委托审计范围。三是抽查复审。出台《CS县政府委托审计复审管理办法》，采用交叉复审的方式，对中介机构参与的项目进行抽查复审，促进提高审计质量；对于中介机构发现的重要线索，组织审计机关精干力量深入调查，确保挖深挖透。

7.5.4 建立问题导向机制，强化审计整改

一是针对社会中介机构无处理处罚权的情况，审计机关根据审计报告所反映的问题，对被审计单位出具审计整改通知书，并抄送主管部门依法依规给予处理、处罚。同时，建立被审计单位数据库、审计信息档案，强化审计发现问题的整改跟踪。二是每年以综合报告形式向政府、纪委反映村级经济事项制度缺失问题和其他普遍性问题，并从机制体制上提出有针对性的审计

建议。加强与财政、监察等部门的工作联系和信息沟通，共同研究建立健全长效机制。三是实行绩效考核，将镇（街）上年度审计整改和当年内审任务完成情况纳入全县领导班子绩效考核，有力地推动了被审计单位对审计查出的问题及建议的落实，增强了审计的权威性。四是加强审计结果通报，建立健全审计发现问题的通报机制，及时将村（社区）审计中的典型问题向县政府汇报、在相关会议上通报，增强了审计的震慑力。

根据 CS 县的探索和实践，加强对村级财务的审计监督，有力促进了村级集体经济组织存在问题的整改，对规范基层财经工作、稳定基层政权和预防农村基层干部职务犯罪发挥了积极作用，取得了较好的社会反响。一是提升了村级组织依法管理能力。被审计单位都能诚恳接受审计建议，积极对审计查出的问题进行整改，规范财务操作行为，真正达成了用制度管人、依制度办事的共识。二是提高了财务管理水平。被审计单位召开相关审计情况通报会，组织村支部书记、报账员进行有针对性的专题培训，促使村级财务管理水平得以提高。自开展政府委托审计以来，CS 县共有 12 个镇（街），请社会中介机构或审计部门的专家进行授课 17 次，有效提高了村干部和财会人员的财务管理水平。三是增强了规范节约意识。大部分被审计单位和主管部门政策法律意识、节约规范意识得到进一步增强，都表示今后会依法规范经济事项的程序、手续以及资料，加强管理，注重节约，确保国家、集体资产不受损失。在实行政府委托审计之前，村级白条支出占总支出的近 70%，通过近几年开展政府委托审计后，白条支出比例大大降低，村级班子逐渐树立了依法依规办事的观念。四是维护了基层政权稳定。积极发挥审计职能，及时查清问题，化解矛盾，维护了社会稳定。近年来，CS 县村级财务管理逐步规范，制度健全，监督有力，因村级财务管理问题的上访事件逐渐减少。五是社会反响较好。社会中介机构工作认真负责，严格遵守了审计廉政纪律，自政府委托审计开展以来未收到不良反应，其工作作风受到了社会认可。通过对基层有关专项资金的延伸调查审计，审计人员揭示了一些侵害农民利益的行为，基层群众普遍反映该项工作开展得好，对基层的监督应形成长效机制。

7.6 本章小结

在社区治理过程中，参与的审计主体应是多元化的，即政府审计、内部审计和民间审计多者并存，各有侧重、相互补充，为完善社区治理提供多层次、全方位的监督和服务。在体制设计中，必须依法明确三类审计监督的侧重点，克服社区审计在服务社区治理中可能存在的多头抓、重审和漏审现象。其中，政府审计侧重于对社区财政资金、社区领导干部经济责任、社区全民所有制单位以及居民举报或委托事项进行审计监督和再监督，保证党和国家新型城镇化建设政策方针的贯彻落实，维护国家利益的同时优化社区治理外部环境。社区内部审计机构形成常态化、细致化监督机制，将监督和服务相结合，维护社区集体利益和广大居民权益，推进社区内部治理。社会审计机构作为重要补充，可以接受相关各方面的委托，依法开展内容更为广泛的审计业务及其他非审计业务。三类审计尽管职责不同、具体目标各异，但其总目标是一致的，都是致力于服务实现社区良好治理目标。

2008年10月，HN省CS县政府下发《关于全面加强审计工作的通知》，要求以政府购买服务的方式，经公开招标引入社会中介机构，通过政府委托的方式参与审计机关对社区（村）的审计。2008年起至今，CS县审计局按"两年审一次，一次审两年"的标准，已完成693个社区（村）审计项目（涉及297个村、社区），查处了大量违规违纪资金和管理不规范资金，向纪委及相关主管部门移送案件线索60余起。为此，CS县财政每年拨付专项审计工作经费200万元，批准CS县审计局专门成立一个二级事业机构——审计监督局，配备5名工作人员，负责政府委托审计工作，从机构、人员和经费上给予充分保障。强化中介组织监管，通过整章建制、公开招标、抽查复审等多种方式加强对中介机构的监管，以提高审计质量和效率。(1) 整章建制。县政府下发《CS县引入社会中介机构实施审计监督的暂行管理办法》，加强对社会中介机构的管理监督；审计、监察、财政、招标采购等部门联合制定《CS县引入社会中介机构审计绩效考核办法（暂行）》，对参与政府委托审计的中介机构的工作业绩进行了综合考核，建立了优胜劣汰的竞争机制；审计机关制定《CS县政府委托审计项目质量控制制度（暂行）》，规范政府委托审计工作的具体操作办法，确保审计项目质量，这些制度的建立，为稳妥开展政府委托审计工作提供了坚实的保障。（2）奖惩并重。建立中介机构项目库，实行优秀项目评审和末位淘汰制，每年组织两次对各中介机构政府委托审计工作的绩效考核，对工作业绩突出的会计师事务所予以奖励，对考核排名末位的会计师事务所终止其继续参与政府委托审计工作的资格；对审计过程中有不廉洁行为的会计师事务所直接列入黑名单，不得进入政府委托审计范围。（3）抽查复审。出台《CS县政府委托审计复审管理办法》，采用交叉复审的方式，对中介机构参与的项目进行抽查复审，促进提高审计质量。在社区审计过程中实行"六统一，六确保"，统一审前业务培训，确保审计人员的业务素质；统一制订审计工作方案，确保审计重点和审计内容全面到位；统一组织审计进点会议，确保该项工作有序推进；统一进行工作督查，确保审计工作效率；统一指导答疑，确保审计政策的一致性；统一审计报告格式，确保审计公文的规范性和严肃性。社区审计实施中建立问题导向机制，强化审计整改。一是针对社会中介机构无处理处罚权的情况，审计机关根据审计报告所反映的问题，对被审计单位出具审计整改通知书，并抄送主管部门依法依规给予处理、处罚。同时，建立被审计单位数据库、审计信息档案，强化审计发现问题的整改跟踪。二是每年以综合报告形式向政府、纪委反映社区（村级）经济事项制度缺失问题和其他普遍性问题，并从机制体制上提出有针对性的审计建议。

第 8 章

社区审计对社区治理的实证分析

8.1 审计全覆盖对社区审计开展方式的影响分析

社区作为城市社会管理的最基层单元，是自我管理、自我教育、自我服务的基层群众性组织，截至 2012 年，我国共有大约 10 万个社区。社区审计从最初的财务收支审计，逐步扩展到社区经济责任审计、绩效审计、专项审计等各个方面。但由于社区数量如此之大，而当地审计力量不足，因而社区审计往往只能抽查，审计覆盖率较低。然而 2013 年时任审计长刘家义在全国审计工作会议上提出，要努力实现审计监督"全覆盖"，依法使所有公共资金、国有资产、国有资源都在审计监督之下，不留盲区和死角。2014 年李克强总理在听取审计署工作汇报时也强调审计全覆盖，切实看住管好公共资金。审计全覆盖要统筹部署，有计划推进，确保实现对重点对象每年审计一次、其他对象五年至少审计一次，那么审计全覆盖到底对社区审计开展方式有哪些影响，这些问题值得我们深入思考和研究。

8.1.1 文献回顾

我国社区审计的覆盖程度较低，且对于大多数社区审计项目的审计覆盖率都没有明文要求。关于审计覆盖率的研究国内外并不多。易慧霞（2006）建立博弈模型，分析了我国高校经济责任审计中不同条件下审计覆盖率的选择及其影响因子。鲁桂花（2003）指出审计处罚强度与审计覆盖率之间存在替代关系，在审计资源既定的情况下，加大审计处罚力度可替代更为昂贵的更大范围的审计监督。郑石桥（2012）指出审计频度通过预期路径和预防路径对审计效果发挥作用，推行审计权"四分离"的组织模式，即将审计立项权、审计查证权、审计审理权、审计执行权进行横向分割，具有解决信息不对称、权力分割和权力监督三种效果。受此启发，本书首先分析审计全覆盖对社区审计开展组织方式的影响情况。

8.1.2 审计全覆盖对社区审计开展方式的影响分析

1. 全覆盖下审计任务大与审计资源有限之间的矛盾

随着审计全覆盖的实行，审计监督任务日趋繁重，而审计资源却不能同步跟上。审计资源包括审计必需的经费、合规审计人员的数量、审计时间、审计所需的其他工具等，这些就造成了审计任务日益巨大与审计资源有限之间的矛盾。目前，我国审计机关总共有9万多名审计人员，审计署及其派出机构审计了大约为3万多个被审计单位，还不到全国80万个应审国有单位总数的4%，但这些单位的资金量约占全国的70%，可见对重点领域、重点部门的审计监督尤为重要。由于中央审计资源的不足，每年实际审计的单位不到3000个，审计覆盖面只有10%左右。这种矛盾越到基层审计机关越为严重，基层审计机关经费更难以得到保证，审计人员更是稀缺。目前全国大约18万个社区，即使五年轮换审计完毕，每年也有3.6万个审计项目的任务，而县级审计机关的资源非常有限。地方政府审计机关资源少与任务重的矛盾造成了审计监督出现漏洞，减少了发现应有问题的可能性，不能切实实行审计监督作用。甚至两者的矛盾造成了审计过程中的不规范，压缩了现场审计时间、审计程序，减少了延伸审计的深度和广度，导致一些问题查不深、查不透，加大了审计风险。

2. 审计领域不断拓展及内容不断深化与审计人员现有知识结构之间的矛盾

按照审计全覆盖要求，被审计对象较广，例如经济责任审计明确了党政主要领导和国有企业领导人员；在被审计对象级别上，明确了上至省级党委、政府及各部门领导，下至村、社区党组织、行政负责人的所有审计对象。从政府审计类型来看，有经济责任审计、部门预算执行审计、政府投资项目审计、专项审计、专项资金审计等，而专项资金审计又分为扶贫资金、社保基金、公积金等资金审计等。不难看出，基层审计机关在开展监督全覆盖时，确实"有心无力"，现有审计人员知识结构陈旧，具备中级以上专业技术资格人员不多；懂业务、精通计算机审计人员更是奇缺。由于基层审计机关每年审计项目一个接着一个，年头连着年尾，审计业务人员绝大多数没有带薪休假，更谈不上进行必要的系统的审计知识更新和经验总结，造成审计领域和内容不断扩大与现有审计人员知识结构不合理之间的矛盾。

8.1.3 社区审计开展审计全覆盖的实施路径分析

1. 社区审计开展审计全覆盖的实施路径探讨

我国基层审计机关目前以审计内容设置审计部门，例如财政审计处、金融审计处、行政事业审计处、经济责任审计处等，这种机构设置容易导致职责不清、效率低下。一般来说，审计权力包括立项权、取证权、审核权、处理权、结果公开权和处理执行权六种。XT市审计局推行审计"四分离"模式（郑石桥，2012），本节在"四分离"基础上增加结果公开权，形成社区审计"五分离"模式，见图8.1。

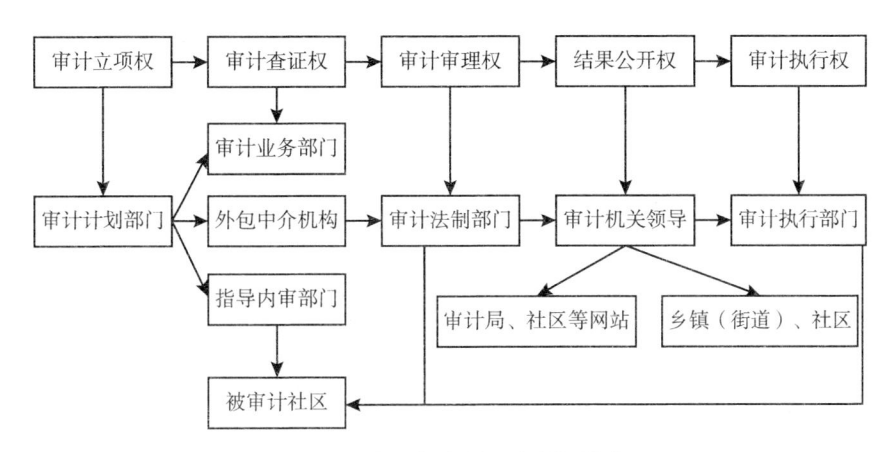

图8.1 社区审计"五分离"模式

对于社区审计，审计立项权是指确定审计项目，即选择被审计社区的权力，由审计计划部门根据全覆盖和审计资源确定；审计查证权是编制审计方案和收集审计证据的权力，可以由审计业务部门实施，也可以外包给会计师事务所等中介机构，甚至指导街道办事处审计所、财政所完成对社区的内部审计；审计审理权是对审计报告进行复核及做出处理处罚决定的权力，由审计法制部门统一进行；结果公开权是对审计报告及审计处理处罚决定是否对外公开的权力，由审计机关领导班子决定，可以在网站公开，或直接寄送街道办事处和社区；审计执行权是执行审计处理处罚决定的权力，由审计执行部门实施。社区审计"五分离"模式是将审计机关内部与具体审计业务密切相关的职责和权力划分为五个部分，五部分之间各司其职、相互监督制约、密切配合协作的运作机制和管理模式。

通过把审计查证权外包给专业的中介机构，如会计师事务所和造价咨询公司，以及指导内部审计机构来实施，这些只外包查证权的实施路径既有助于缓解审计全覆盖影响社区审计的矛盾；弥补审计资源的不足和现有审计人员知识结构更新的冲突；又解决了中介机构和内审机构没有审计执行权的尴尬，社区审计的立项权、审理权、结果公开权、执行权都留在审计机关及职能部门，有助于保持政府审计的统一性、行政性。

2. 社区审计开展审计全覆盖的实施案例

2008年10月HN省CS县政府出台《关于全面加强审计工作的通知》，强化审计全覆盖。CS县审计局专门成立一个二级事业机构——审计监督局，配备5名工作人员，每年财政拨付专项审计工作经费200万元，专职负责政府审计外包工作，从而在制度层面、机构、人员和经费上为社区审计全覆盖提供了充分保障。2009年起至今，按"两年审一次，一次审两年"的标准，对297个村（社区）已审计了四个轮回，查处了大量违规违纪资金和管理不规范资金，向纪委及相关主管部门移送案件线索80余起。

如表8.1所示，CS县审计局基本实现了社区审计全覆盖。社区审计立项数量由CS县审计局确定，按"两年审一次，一次审两年"的覆盖标准。社区审计查证工作全部由中介机构和内审机构实施，编制审计报告初稿，其中社区审计外包比例在80%左右，社区审计由街道办事处审计所或财政所实施内部审计的比例为20%左右，这样分离审计查证权并外包或委托内部审计的实施方式可大大缓解审计全覆盖与审计资源不足的矛盾。社区审计审理工作最终由县审计局实行，进行复核和补证，同时制定处理处罚决定文书。社区审计结果是否公开由县审计局领导班子决定，目前大部分社区审计报告都在网站公开了，但是处理处罚决定文书却没有公开，直接送寄街道办和社区。社区审计整改执行工作由县审计局来具体落实监督社区的整改工作。由此，CS县审计局形成了政府审计当主导、内部审计为基础、社会审计作补充的社区审计模式。

表8.1　　　　　　　　HN省CS县社区审计情况

年份	社区审计立项数量	社区内部审计数量	社区内审比例（%）	社区审计外包数量	社区审计外包比例（%）	社区审计覆盖率（%）	两年覆盖率合计（%）	社区审计审理数量	审计结果公开数量	社区审计执行数量
2009	112	20	17.86	92	82.14	37.71	81.48	112	110	45
2010	130	23	17.69	107	82.31	43.77		130	126	68

续表

年份	社区审计立项数量	社区内部审计数量	社区内审比例（%）	社区审计外包数量	社区审计外包比例（%）	社区审计覆盖率（%）	两年覆盖率合计（%）	社区审计审理数量	审计结果公开数量	社区审计执行数量
2011	148	22	14.86	126	85.14	49.83	94.95	148	132	79
2012	134	21	15.67	113	84.33	45.12		134	118	98
2013	151	22	14.57	129	85.43	50.84	97.98	151	128	121
2014	140	23	16.43	117	83.57	47.14		140	114	109
2015	107	21	19.63	86	80.37	36.03	103.71	107	83	80
2016	201	41	20.40	160	79.60	67.68		201	136	135

注：数据由 CS 县审计局和街道办事处、社区网上公开资料和调研数据整理而成。

8.1.4 实证结论

审计全覆盖对社区审计造成的影响主要是审计任务大与审计资源有限之间的矛盾和审计领域不断拓展及内容不断深化与审计人员现有知识结构之间的矛盾。在审计全覆盖下解决这些矛盾的有效路径是实行社区审计"五分离"的组织模式，并且仅把审计查证工作全部或部分委托给内审机构或外包给社会中介机构，既解决了审计人员不足的问题，又解决了内审机构或中介机构没有审计权限的问题。CS 县审计局形成"政府审计当主导、内部审计为基础、社会审计作补充"的社区审计模式，改变了审计的横向权力配置，提高应对审计全覆盖的能力，值得我们学习和借鉴。

为此，为了应对审计全覆盖，提出以下建议：

第一，必须整合人力资源。立足当前队伍，通过向上级审计机关选派学习和向同级政府部门、下级审计机关或基层街道、乡镇下派挂职锻炼，组织专门培训等多种方式，向内挖潜，提升能力素质；着眼新增人员，把好新进审计人员"入口关"，将审计事业所需的财务、审计、工程造价、法律、计算机等专业人员通过公开招考的方式遴选录用，逐步改善现有审计队伍年龄结构、知识结构。

第二,有效整合社会资源。加强政府审计机关对社区内部审计的指导;加强对社会中介机构进行社区审计的管理,成立审计监督局,配备工作人员,每年财政拨付专项审计工作经费,专职负责政府审计外包管理工作,从而在制度层面、机构、人员和经费上为社区审计全覆盖提供充分保障。这样可充分利用社会审计、内部审计工作成果,提升工作效率,节约审计资源,以使现有人力能最大限度发挥作用,扩大审计监督工作的覆盖面。

第三,加大审计结果公告力度。实行审计结果公告制度,一方面能够增强政府工作的透明度,另一方面也对潜在或未被纳入审计范围的不法行为起到警示和震慑作用,收到"一家开方,多家吃药"的效果。对社区审计,可将审计报告、审计处理处罚决定书在审计局、街道办、社区等网站公开,促使社区负责人接受社会监督和舆论压力。

8.2　社区审计中地方政府审计业务外包决策影响因素的实证分析

2014年10月国务院印发《关于加强审计工作的意见》,首次将审计全覆盖写入政府文件。2015年12月中共中央办公厅、国务院办公厅印发的《关于完善审计制度若干重大问题的框架意见》及相关配套文件,对公共资金、国有资产、国有资源和领导干部履行经济责任情况实行审计全覆盖。我国政府审计迎来"全覆盖"时代,但是地方政府审计机关却面临着自身资源的有限性导致审计供给能力不足与急剧增加的审计业务范围导致的审计需求扩大之间的矛盾。作为化解这一矛盾的重要手段,政府审计业务外包已被提到重要的议事日程。

虽然我国地方审计机关已在审计实践中采用政府审计业务外包,但是对于政府审计业务外包的理论研究较为缺乏,更多地研究政府审计业务外包的必要性、可行性(谢娇,2016;刘澍,2016),以及从审计资源整合视角分析政府审计如何利用社会审计资源（车嘉丽，2008），较少考虑政府审计业务的外包决策行为及其影响因素。借鉴业务外包、审计业务外包的相关成果，以交易成本理论、审计主体为基础，构建理论分析框架，并利用HN省CS县审计局的外包数据实证分析政府审计业务外包决策的影响因素，以期为政府审计理论界和实务界提供政府业务外包决策的相关建议。

8.2.1 文献回顾

20世纪80年代末在经济全球化、国际分工细化及信息技术快速发展中，不少跨国大型企业逐渐将非核心业务或非专长领域外包，业务外包在全球逐渐流行起来，这种趋势对审计业务外包也产生了较大影响。政府审计业务外包在国外已有长足发展，但在我国却略显不足。美国、德国和瑞典等西方国家的审计机关会把绩效审计项目外包给私人会计师事务所；澳大利亚审计署有一半左右的财务审计和少量的绩效审计项目外包给私人会计公司、咨询公司（贾云洁，2014）；但是我国只有部分地方审计机关开展了政府审计业务外包，政府审计业务实践经验较为缺乏，而且政府审计业务外包的理论研究文献不多，主要探讨了政府审计业务外包的必要性、政府审计外包的主要形式及其优缺点（谢娇，2016），以及政府审计业务外包的起源及其运行机制（刘澍，2016）。从资源整合角度来讲，我国审计机关应整合利用外部社会审计资源（车嘉丽，2008），实行外包部分审计业务、聘用临时专职人员、健全外包合同管理等制度（贾云洁，2014）。

对于审计业务外包的影响因素，一般认为，核心业务、独特业务一般不宜外包，外围业务和传统业务可以外包（里帕克、思尼沃，1998）；低专用性低复杂性的业务最先外包，其次是低专用性高复杂性或高专用性低复杂性，而高专用性高复杂性业务不外包（威灵、格罗贝曼，1999）。另外资产专用性、开展频率是影响外包程度的主要因素（刘斌、石恒贵，2008），而交易成本也是政府审计业务外包的驱动因素（郑石桥，2015）。

总体来说，政府审计业务外包的理论研究不多，而从实证角度研究政府审计业务外包的文献几乎没有。对于地方审计机关经常开展的财政审计、预算执行审计、投资审计、经济责任审计等业务，到底哪些业务容易外包？地方审计机关决定外包时将考虑哪些影响因素，本节将利用 HN 省 CS 县审计局的外包数据对地方政府审计业务外包决策以及影响因素提供一些经验证据。

8.2.2 理论分析与研究假设

我国地方政府审计机关面临的一个重要问题是审计全覆盖要求下日益扩大的审计范围、需求与地方审计机关自身资源不足的矛盾正在加剧。然而解决这一矛盾的一个重要路径是政府审计业务外包。但是在理论上，存在两个基本问题：为什么外包？哪些政府审计业务可以外包？对于政府审计业务外包的动因，一方面可以缓解地方审计机关人手不足的矛盾，另一方面又成为降低业务交易成本的手段（威廉姆森，1975），特别是当外包降低的成本大于外包增加的成本时，政府审计业务才会外包（郑石桥，2015）。对于外包的政府审计业务，核心业务应严格保护，非核心业务才可能外包（普拉哈拉德·哈梅尔，1990），即是说通用、共性等非核心审计业务更容易外包（郑石桥，2015）。为此，借鉴交易成本理论，结合审计主题，建立其分析框图见图 8.2。

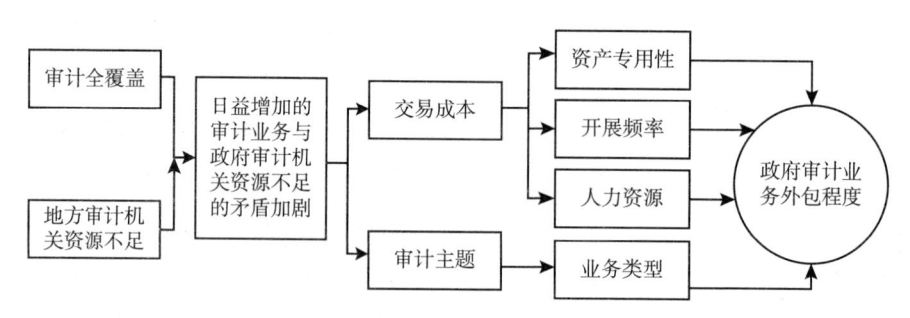

图 8.2 政府审计业务外包影响因素

在审计全覆盖要求下日益增加的审计任务与地方审计机关自身资源不足

的矛盾加剧的背景下，政府审计业务外包成为解决这一矛盾的重要路径。在制度层面，2013年国务院印发的《关于政府向社会力量购买服务的指导意见》和2014年财政部印发的《政府购买服务管理办法（暂行）》等政策文件，都为我国地方政府审计业务外包提供了行动指南和制度保障。但是在理论层面，交易成本将是外包要考虑的重要问题，当然不同的审计主题对外包也有影响。借鉴前人的研究成果，并根据交易成本和审计主题，提出研究假设。

1. 审计资产的专用性

审计业务存在资产专用性问题。迪安基洛（1981）发现，审计师在审计过程中会使用通用知识、行业特定知识、客户特定知识。政府审计业务是针对特定代理人（公共资源承担者）按照有关规定进行审计的活动，都有一定的资产专用性（郑石桥，2015）。如果是对特定行为或在直属机构的审计业务中，如地方固定资产投资审计、直属机构负责人经济责任审计等业务，其资产专用性就高，交易成本较大，一般由地方审计机关自己审计。但是对直属机构的下属组织进行审计，如直属机构下面的二级机构，乡镇、街道办事处下面的卫生所、中小学以及社区等，一般主要就财务收支、资产可靠性进行鉴证，资产专用性不高，交易成本较低，更容易选择外包。

假设1：政府审计业务的资产专用性越低，越可能政府审计业务外包。

2. 审计业务开展的频率

《关于完善审计制度若干重大问题的框架意见》明确要求，对重点部门、单位要每年审计，其他审计对象1个周期内至少审计1次，对重点地区、部门、单位以及关键岗位的领导干部任期内至少审计1次，对重大政策措施、重大投资项目、重点专项资金和重大突发事件开展跟踪审计。可见，审计业务开展的频率是不同的，每年都审计、跟踪审计的业务一般由地方审计机关自己审计；但是任期或周期内只审计一次的审计业务，更容易外包。

假设2：政府审计业务的开展频率越低，越可能政府审计业务外包。

3. 地方审计机关的人力资源

审计业务最终要靠审计师去查验、评价，因而审计师的数量就成为外包的一个影响因素。特别是在目前人手普遍不足的情况下，即使只增加一点点的购买服务成本，地方审计机关也会为了按时完成审计任务而采取外包策略。

假设3：地方审计机关人力资源越紧张，越可能政府审计业务外包。

4. 审计主题

审计主题是审计人员要发表审计意见的对象（郑石桥，2015），包括信息和行为。如果是以政府会计准则、政府预算制度、政府内部控制制度等既定标准发表意见的，属于通用、共性特征，更易于外包。但如果对政策、领导干部、资金、投资项目等方面的绩效、责任进行评价，则属于非通用、非共性特征，一般不会外包。

假设4：审计主题越是通用、共性，越可能政府审计业务外包。

8.2.3 研究设计

1. 样本选择

2008年10月HN省CS县政府出台《关于全面加强审计工作的通知》，强化审计全覆盖。CS县非常重视审计监督，县审计局每年立项300个左右的审计项目，分别采取县审计机关自行审计、委托中介机构审计、指导内部机构合作审计的方式，每个审计项目由县审计局领导集体决定采取哪种方式，委托中介机构审计的项目交由审计监督局具体实施。为此，本节根据CS县审计局的公开资料，收集2009~2017年CS县审计局审计业务立项、开展有关的2919个数据，作为本节的研究样本，见表8.2。

表 8.2　　　　　　CS 县 2009~2017 年政府审计业务开展情况

年份	总数	政府审计数	委托外包数	内部审计数	外包比例（%）	自行审计比例（%）	合作审计比例（%）
2009	263	41	169	53	64.26	15.59	20.15
2010	360	43	250	67	69.44	11.94	18.61
2011	361	92	210	59	58.17	25.48	16.34
2012	318	123	148	47	46.54	38.68	14.78
2013	333	111	172	50	51.65	33.33	15.02
2014	322	97	162	63	50.31	30.12	19.57
2015	279	86	150	43	53.76	30.82	15.41
2016	380	97	228	55	60.00	25.53	14.47
2017	303	106	157	40	51.82	34.98	13.20
合计	2919	796	1646	477	56.39	27.27	16.34

从表 8.2 可知，2009~2017 年县审计局共审计 2919 个项目，其中地方审计机关自行审计 796 个审计项目，平均占比 27.27%；委托中介机构外包审计 1646 个项目，平均占比 56.39%；指导内审机构合作审计 477 个项目，平均占比 16.34%。分年度看，2009 年确定立项 263 个审计项目，其中自行审计 41 个，占比 15.59%；委托外包审计 169 个，占比 64.26%；指导内审机构合作审计 53 个，占比 20.15%。2010 年立项 360 个审计项目，其中自行审计 43 个，委托外包 250 个，合作内审 67 个。2011 年、2012 年、2013 年分别立项 361 个、318 个、333 个审计项目，外包比例维持在 55% 左右，自行审计维持在 30% 左右。但是 2014 年提出审计全覆盖以来，自行审计占比逐年提高，从 30.12% 提高到 34.98%，合作内审比例逐年下降，从 19.57% 下降到 13.2%，而委托外包审计比例维持在 55% 左右。

2. 指标测度

（1）政府审计业务外包程度的测度。

将地方审计机关自行审计的赋为 0，指导内审机构合作审计的赋为 1，委托中介机构审计的赋为2，这样得到审计业务外包程度的量化指标。

（2）审计资产专用性的测度。

将对县直属机构的审计，以及重点项目、重大专项的审计，专用性较高，赋为1。对县直属机构下属的二级机构审计，以及乡镇下的中学、卫生院、村级社区和街道下的社区居委会的审计，一般就财务收支、资产可靠性、廉洁情况等发表意见，专用性较低，赋为0。

（3）审计业务开展频率。

审计业务的开展频率影响重复使用的规模效应所带来的交易成本的分摊变化，设定在当年实施了政府审计项目的赋为1；当年没有被审计的设定为0。

（4）地方审计机关的人力资源紧张程度。

CS县审计局是CS县人民政府主管全县审计工作的职能部门，内设办公室、经济责任审计、财政审计、行政企事业审计、固定资产投资审计、法规综合六个科室和一个二级事业单位——审计监督局，实有干部职工39人，肩负着CS县近700个单位（包括村居委会）的审计任务。用每年的审计项目总数除以县审计局的所有人员数量，用来衡量地方审计机关人员的紧张程度。

（5）审计主题。

针对非通用、非共性的信息或行为发表意见的，如党政领导经济责任审计、固定资产投资审计、同级审、财政财务收支审计等赋为0。针对通用、共性的发表意见，如（村级）社区、居委会的财务收支审计、主要负责人经济责任审计等赋为1。

3. 研究模型

为了检验地方政府审计业务外包的影响因素，拟建立回归模型对这些影响因素进行Logistic分析，其模型如下：

$$\text{Logistic(out-souring)} = \beta_0 + \beta_1 \times AS + \beta_2 \times FREQ + \beta_3 \times EMP + \beta_4 \times AUD + \varepsilon \tag{1}$$

其主要变量定义见表8.3。

表8.3　变量定义

变量名	变量定义
out-souring，审计业务外包程度	委托外包为2，合作内审为1，自行审计为0
AS，审计资产专用性	特定、直属、重点审计为1，二级机构、村级社区、居委会审计为0
FREQ，审计业务的开展频率	当年实施了政府审计项目的赋为1；当年没有被审计的设定为0
EMP，人员紧张程度	审计项目总数除以县审计局的所有人员数量
AUD，审计主题	非通用、非共性的审计为1，通用共性的审计为1

8.2.4 地方审计业务外包影响因素的实证检验

1. 描述统计及相关性分析

本节的研究样本来自于CS县审计局2009~2017年共2919个审计项目数据，其中地方审计机关自行审计796个审计项目，委托中介机构外包审计1646个项目，指导内审机构合作审计477个项目。其描述统计结果、相关性分析结果见表8.4和表8.5。

表8.4　描述统计结果

年份	外包程度	专用性	开展频率	人力紧张程度	审计主题
2009	1.49	0.23	0.38	6.74	0.77
2010	1.58	0.21	0.51	9.23	0.79
2011	1.33	0.28	0.52	9.26	0.72
2012	1.08	0.39	0.45	8.15	0.61
2013	1.18	0.34	0.48	8.54	0.66
2014	1.20	0.31	0.46	8.26	0.69
2015	1.23	0.32	0.40	7.15	0.68
2016	1.34	0.26	0.54	9.74	0.74

续表

年份	外包程度	专用性	开展频率	人力紧张程度	审计主题
2017	1.17	0.35	0.43	7.77	0.65
平均值	1.29	0.30	0.49	8.31	0.69

从表8.4可以发现，CS县审计局审计业务平均外包程度为1.29，外包程度较高；审计资产专用性较低，其均值为0.3；每年审计开展频率较高，均值为0.49，基本上两年实现一个全覆盖要求。就审计局全体人员而言，每人每年平均审计8.31个项目，基本上一个半月完成一个审计项目，这还不考虑清洁人员、文员等不参与审计的情况，说明审计全覆盖下地方审计机关人手较为短缺。审计主题均值为0.69，即审计较多对通用、共性的信息或行为发表意见。

表8.5　　　　　　　　　　相关性分析结果

变量	out-souring	AS	FREQ	EMP	AUD
out-souring		−0.116**	−0.005	0.125	0.105*
AS	−0.112**		−0.035	0.007	0.145*
FREQ	−0.102	−0.001		0.009	0.192
EMP	0.151	0.109	0.004		0.210
AUD	0.008*	0.172*	0.112	0.003	

注：***代表1%显著水平，**代表5%显著水平，*代表10%显著水平，下同。

由表8.5可知，政府审计业务外包与审计资产专用性、审计主题有一定的相关关系，同时资产专用性与审计主题也有一定的相关关系。其余变量之间的相关性不明显，但是全部变量的相关系数都低于0.5，可以纳入后面的回归分析。

2. 回归分析

为了了解这些指标共同对政府审计业务外包程度有多大的影响力，本节进行 Logistic 分析，使用 SPSS20.0 软件，其结果见表 8.6。

表 8.6　　　　　　　　　　　Logistic 分析结果

变量	系数	标准差	Wald 值	SIG.
(Constant)	0.3795	0.1925	12.4637	0.0024 ***
AS	-0.0724	0.0345	-7.3475	0.0362 **
FREQ	-0.1219	0.0267	-2.1562	0.1353
EMP	0.1952	0.0925	1.7937	0.2179
AUD	0.2537	0.0128	3.8924	0.0792 *
-2 Log Likelihood	268.42	Cox and Snell	0.4816	Percentage correct：89.5%

如表 8.6 所示，回归模型整体还是显著的，其似然比为 268.42，并且 Cox & Snell 系数达到 0.4816，这说明，这些变量联合起来可以解释 48% 的政府审计业务外包影响因素，且预测正确率为 89.5%。模型中，审计资产专用性与政府审计业务外包显著负相关，而审计主题与政府审计业务外包显著正相关。这表明，很多委托代理关系，一般主要就财务收支、资产可靠性进行鉴证，资产专用性较低，其交易成本较低，优先选择外包；如果对政府会计准则、政府预算制度、政府内部控制制度等既定标准发表意见的，即针对通用、共性的发表意见，如（村级）社区、居委会的财务收支审计、主要负责人经济责任审计等，更容易外包。这与郑石桥（2015）的研究结果是一致的，对于专用性较低、通用、共性的审计项目，如村级（社区）、居委会的财务收支审计、社区负责人经济责任审计等项目优先选择外包，因而支持了假设 1 和假设 4，拒绝了假设 2 和假设 3。

3. 稳健性测试

为了结果的稳健性，本节用实际参与项目审计的人数替代审计局全体人数，以及分年度进行回归分析，仍然只有资产专用性和审计主题通过了显著性检验。因而本节建立的政府审计业务外包模型具有一定的稳健性。

8.2.5 实证结论

经过分析和检验，我们可以得出以下结论：

(1) 审计全覆盖下逐渐扩大的审计任务与地方审计机关自身资源不足的矛盾日益加剧，而解决这一矛盾的重要路径是审计业务外包。CS 县审计局在政府审计业务外包方面走到了全国的前面，2009 年设立了审计监督局，专门负责管理和实施政府审计业务外包。2009~2017 年 CS 县审计局共审计 2919 个项目，其中地方审计机关自行审计 796 个审计项目，平均占比 27.27%；委托中介机构外包审计 1646 个项目，平均占比 56.39%；指导内审机构合作审计 477 个项目，平均占比 16.34%。

(2) 实证发现，审计资产专用性与政府审计业务外包显著负相关，而审计主题与政府审计业务外包显著正相关。这意味着：对于专用性较低的审计项目由于其交易成本较低，及通用、共性的审计项目，如村级（社区）、居委会的财务收支审计、社区负责人经济责任审计等项目优先选择外包。

为此，提出本节的政策建议：

(1) 地方审计机关应当实行审计立项权、审计查证权、审计审理权、结果公开权、审计执行权五分离模式，政府审计业务外包仅是把所耗人手较大的审计查证权外包，其他审计立项权、审理权、结果公开权、审计执行权仍在地方审计机关手中，仍然能够保证政府审计的独立性、专业性和权威性。同时单独设立审计外包监督局，加强对外包查证权的监督。

(2) 对地方审计机关来说，政府审计业务外包应该主要考虑交易成本以及审计主题因素。如果对县级直属机构下面的二级机构，乡镇、街道办事处下面的卫生所、中小学以及社区进行审计，一般主要就财务收支、资产可靠性进行鉴证，交易成本就较低，越容易考虑外包；另外如果对政府会计准则、政府预算制度、政府内部控制制度等既定标准发表意见的，即针对通用、共性的发表意见，如（村级）社区、居委会的财务收支审计、主要负责人经济责任审计等，也容易外包。

8.3 社区经济责任审计评价指标体系构建的实证分析

8.3.1 社区经济责任审计制度变迁

1986年9月中共中央、国务院颁发《全民所有制工业企业厂长工作条例》，该条例首次提出"厂长离任前，企业主管机关（或会同干部管理机关）可以提请审计机关对厂长进行经济责任审计评议"，这一规定为经济责任审计的发展发挥了重要的推动作用。同年12月，国家审计署据此发布了《审计署关于开展厂长离任经济责任审计工作几个问题的通知》，对企业厂长经济责任审计的内容作了具体规定。此后经济责任审计就成为审计机关的一项新的任务。但此时只限定在对厂长（经理）的离任审计。1996年山东菏泽地区在全区对党政机关领导干部和企事业单位的主要领导人员开展了经济责任审计。1997年9月胡锦涛同志对此批示："对加强监督，推进党风廉政建设很有好处，需研究有关范围及办法，先试行探索，然后总结推广。"1998年1月，中纪委第二次会议明确提出将经济责任审计作为一项制度在全国实行"对国营企业、县（市）直属部门和事业单位，乡（镇）党委、政府主要领导干部，要实行离任审计制度，未经审计不得离任。有条件的地方可扩大范围。"1998年2月11日，中央组织部、国家经委、监察部、人事部、审计署联合下发的《关于菏泽地区实行领导干部离任审计制度的调查报告》中要求"各地区、各部门要认真学习、借鉴菏泽地区经验，结合实际，积极、稳妥、有步骤地推行领导干部任期经济责任审计工作。"

1999年中共中央、国务院办公厅正式发布了《县级以下党政领导干部任期经济责任审计暂行规定》和《国有企业及国有控股企业领导人员任期经济责任审计暂行规定》，对审计的目的意义、程序、审计内容、审计对象、审计时机等具体问题都作了详细的规定。这两个暂行规定的出台，标志着领导干部任期经济责任审计已经正式纳入了国家审计范围，我国经济责任审计迈上了规范化、法制化的新台阶。经济责任审计重要性的提高，是我国社会经济发展、经济体制及政治体制改革的必然产物。

根据中央和国务院有关离任审计的规定，省以下地方各级政府也相继出台了一些有关对企业领导人员和党政领导干部离任审计的规定。1995年安徽省以政府名义出台了《安徽省事业单位法定代表人离任审计规定》。1996年黑龙江省人大出台了《黑龙江省国有企业法定代表人经济责任审计条例》，1998年山东省人大出台了《山东省机关事业单位及国有企业法定代表人离任审计条例》。1996年9月28日辽宁省第八届人民大会常务委员会第二十三次会议通过了《辽宁省国有企业厂长（经理）离任审计条例》，该条例是辽宁省第一部有关经济责任审计的法规。1999年5月30日辽宁省委、省政府为贯彻《国有企业及国有控股企业领导人员任期经济责任审计暂行规定》2000年辽宁省委、省政府办公厅下发了《辽宁省党政领导干部任期经济责任审计暂行规定》（以下简称《暂行规定》），对此作了补充性的规定，这个规定要求各级做好贯彻两个暂行规定和条例的衔接工作，如果有抵触以《暂行规定》为准。同时还明确"对企业领导人员离任没有按规定申请审计的企业，上级主管部门或者对该企业领导人员负有管理职责的干部管理部门，要予以通报批评，审计部门要按规定补行审计。"还规定"对未通知审计机关擅自委托企业所属内部审计机构或社会审计机构实施的任期经济责任审计，其审计结果不具法律效力，审计机关应当另行组织审计"。还明确了按照"谁委托谁付费"的原则，对审计机关委托社会审计机构的审计，由财政纳入预算安排，由委托的审计机关向社会审计机构支付审计费用。2000年1月21日，大连市委、市政府办公厅发布了《关于党政领导干部和国有企业及国有控股企业领导人员任期经济责任审计的实施意见》，这个文件对几个特殊问题的规定需要引起注意：一是对领导干部的任期经济责任超过了中央两办的规定，将审计范围扩大为"对区、市、县党政一把手、市直各委办局的一把手"要进行任期经济责任审计；二是进一步明确了审计的管辖权限，要求"委托权限按任免权限划分"，就是说谁有任免权，那么其同级审计机关就拥有对他审计的权限；三是明确了接受委托的内部审计和社会审计机构"必须接受培训并经过审计机关的资格认定"才能受托开展审计业务；四是明确规定了审计机关和内部审计、社会审计机构审计中出现了徇私舞弊、失职、渎职，出具虚假意见书的应负有的责任。

经济责任审计诞生于我国转型期独特的制度背景，人们对于它寄予厚望，希望它能够强化对于领导干部的监督、约束行政权力的滥用并遏制腐败行为。经济责任审计已成为具有中国特色的领导干部监督制度的重要组成部分。

《审计署2003至2007年审计工作发展规划》指出："经济责任审计，坚持积极稳妥、量力而行、提高质量、防范风险的原则，加强协调指导，全面推进县以下党政领导干部和国有及国有控股企业领导人员经济责任审计，扩大县以上党政领导干部经济责任审计覆盖面，推动部门单位开展经济责任审计。加强法规建设，逐步完善经济责任审计制度。"

《审计署2006至2010年审计工作发展规划》指出："经济责任审计，继续坚持积极稳妥、量力而行、提高质量、防范风险的原则，加强协调指导，不断深化县以下党政领导干部和国有及国有控股企业领导人员经济责任审计，全面推进地厅级党政领导干部经济责任审计，推动部门单位开展经济责任审计。加强法规建设，逐步完善经济责任审计制度。"

胡锦涛在党的十七大所作的报告中，从发展社会主义民主政治的高度，对领导干部提出了完善制约和监督机制，健全经济责任审计等制度，增强监督合力和实效的要求。中央纪委在向十七大所作的工作报告中，提出了继续推行地（厅）级及以下党政主要领导干部的经济责任审计，试行对省（部）级主要领导干部的经济责任审计。

2010年12月8日中共中央办公厅、国务院办公厅印发了《党政主要领导干部和国有企业领导人员经济责任审计规定》，加强经济责任审计法规制度建设、规范经济责任审计行为、促进经济责任审计工作科学发展的现实需要，对于增强领导干部依法履行经济责任意识、完善领导干部管理和监督机制、促进惩治和预防腐败体系建设具有重要意义。经济责任审计对象经过了范围逐步扩大、级别不断提高的过程。1999年5月，两办《县级以下党政领导干部任期经济责任审计暂行规定》明确的审计对象，只包括县级以下党政主要领导干部、国有及国有控股企业的法定代表人。2005年，党政领导干部经济责任审计范围扩大到地厅级。审计署自2000年开始进行省部长经济责任审计试点，对审计对象范围进行了扩展，涵盖了从乡镇级到省部级的党政领导干部，以及国有企业的法定代表人。

2014年中央纪委机关、中央组织部、中央编办、监察部、人力资源和社会保障部、审计署、国资委联合发布《党政主要领导干部和国有企业领导人员经济责任审计规定实施细则》，明确规定审计机关可以对村党组织和村民委员会、社区党组织和社区居民委员会的主要负责人进行经济责任审计。

2015年12月中共中央办公厅、国务院办公厅印发了《关于完善审计制度若干重大问题的框架意见》及《关于实行审计全覆盖的实施意见》等相关配套文件，并发出通知，要求各地区各部门结合实际认真贯彻执行。加大改革创新力度，完善审计制度，健全有利于依法独立行使审计监督权的审计管理体制，建立具有审计职业特点的审计人员管理制度，对公共资金、国有资产、国有资源和领导干部履行经济责任情况实行审计全覆盖，做到应审尽审、凡审必严、严肃问责。到2020年，基本形成与国家治理体系和治理能力现代化相适应的审计监督机制，更好地发挥审计在保障国家重大决策部署贯彻落实、维护国家经济安全、推动深化改革、促进依法治国、推进廉政建设中的重要作用。

8.3.2 社区经济责任审计开展现状

我国学界对经济责任审计关注较多，但对社区经济责任审计的关注明显不够。社区财务审计关注社区年度财务活动的真实、合法和效益情况，并进行监督和评价（梁雪铖，2009）；而社区经济责任审计要对社区事务的经济性、效率性、效果性进行监督和评价（冯来强，2007）。在实践中，区县级审计机关面临人少任务重的现实困境，对社区经济责任审计难以全面兼顾（姜声智，2015）。在社区经济责任审计时，普遍存在审计项目狭窄、不到位等情况（郭赢政，2012），对审计结果缺乏公示制度（陈德俊，2007），难以起到对社区干部的权力监控作用。

针对社区（村）集体经济的审计监督严重滞后，审计监督存在体制不顺、责任不明、监管不到位的问题，社区（村）干部经济责任长期游离于审计监督之外这一现象，SD省QD市CY区在社区（村）经济责任审计中，立足于服务新农村建设、促进农村经济快速发展的总体目标，积极探索街道审计在社区（村）经济责任审计中的作用，取得了良好成效。2004年以来，CY区共完成农村干部经济责任审计189项，查出违规、损失浪费及管理不规范金额11080万元，提出审计建议320条，有力地维护了农村集体利益，为巩固农村建设基础发挥了积极作用。

参照国家审计有关规定，CY区审计局一方面，建立农村审计工作制度，先后出台了《街道审计工作办法》《社区（村）党组书记、居委会主任经济责任审计监督暂行办法》《社区建设项目审计监督暂行办法》等规定；另一方面，完善审计机构内控机制，制定了《街道审计所工作职责》《审计组廉政责任规定》《审计所所长职责》及《农村审计作业流程》等制度。在审计程序、审计底稿、审计报告等方面完全按国家审计模式进行，保证了街道审计所各项审计工作规范化运作。通过建立机构、健全制度，在全区构建起一个横向到边、纵向到底的立体型、网络化农村审计监督体系，保障了农村审计工作的顺利开展。近年来，CY区村级经济发展迅猛，社区（村）经济责任审计日益成为该区审计监督的重点。但受审计力量和条件所限，仅靠区级审计机关，很难实现对社区（村）领导干部经济责任的全面审计监督。CY区审计局向区委、区政府提出了健全街道审计机构、加强农村审计监督的建议。区委、区政府高度重视，在2004年普遍压缩人员编制的情况下，为所辖的八个街道办事处设立了独立的内部审计机构——街道审计所，每所编制3~5人，行政编制隶属于街道办事处，业务接受区审计部门的指导和监督，对街道办事处及区审计部门负责并报告工作。目前，CY区8个街道审计所现有专职审计人员29人。其中，本科学历8人，占27.6%，大专学历20人，占69%；具有中级职称11人，初级职称12人，所有执业人员都是财经院校毕业的,审计人员从事内部审计工作的平均年限为5年。审计人员体现了年轻化、知识化、专业化的特点。

CY区街道审计机构在社区(村)经济责任审计中始终坚持的审计原则是努力做到"审计一个项目,规范一个村居,服务一方经济"。一是坚持依法审计。对严重侵占集体利益、浪费集体资财等违法违规行为,严厉查处,严肃处理。对社区存在的问题,街道审计所在下达审计报告时,由街道分管总支书记和审计部门的同志一起,召集该社区的书记、主任、会计进行谈话,责成被审计社区限期进行整改。二是着力通过审计,帮助解决纠纷和问题。如某村换届选举后,新任村主任和部分村民对原任村主任(现任村书记)管理的村财务存有疑虑,干部之间和干群之间产生一些矛盾。针对这一情况,街道审计人员及时对该村进行了村主任离任审计,查实村财务符合客观事实,消除了干部之间和干群之间的误解,进一步密切了党群、干群关系,为该村两委的团结和村经济的发展起到了重要作用。三是坚持以点带面,促进面上的问题得到解决。CY区街道对社区(村)经济责任审计中发现的问题都非常重视,各街道都坚持举一反三,对一项审计中发现的问题,都要坚持从面上进行治理,争取做到审计一个带动一片。如在2004年的一次专项审计调查中,对审计发现的个别村庄失地农民补偿资金不到位、挪用农民补偿金,以及村财务公开不完整、村务决策缺乏民主等问题,区政府及时采纳审计意见,出台实施了《关于加强村级财务和资产规范化管理暂行办法》和《关于土地三项资金规范化管理的意见》,加强了农村村务公开、财务公开和土地三项资金的规范管理,提高了农村依法、科学理财水平,维护了群众的切身利益。在开展社区干部经济责任审计过程中建立起街道分管领导、街道纪委参与的审计谈话制度。审计谈话制度对被审计单位直接责任人员有很大的警示作用,避免了干群关系的激化,维护了国家、社区集体和群众的利益,赢得了农村审计工作的主动,推动了全区经济社会的健康发展。

2012年HB省HS市各城区审计局分别对4个城区132个社区书记、主任开展经济责任审计,审计发现:社区干部在履行经济责任方面总的情况较好,但也存在一项社区违规、浪费等问题,由此HS市政府根据社区经济责任审计结果先后撤销了 4 个城区的 15 个街道办事处，归并了部分社区，使社区由原来的 132 个合并为 83 个，真正发挥了审计服务政府宏观决策、促进提高行政效能的作用。

2014 年出台《党政主要领导干部和国有企业领导人员经济责任审计规定实施细则》以来，各地方密集出台有关社区经济责任审计的规定：2015 年重庆市委办公厅、市政府办公厅印发了《关于做好党政主要领导干部和国有企业领导人员经济责任审计工作的通知》，要求逐步推进农村村级党组织和村委会、城市社区党组织和社委会负责人经济责任审计；2015 年 9 月广元市出台《广元市社区（村）两委负责人经济责任审计办法》；2016 年 3 月青岛市城阳区出台《城阳区社区（村）党组织书记和居（村）委会主任经济责任审计监督办法》。2014 年以来，社区负责人经济责任审计开展得如火如荼。

8.3.3 社区经济责任审计评价指标体系

1. 社区负责人经济责任审计评价体系构建的理论框架

理论框架能够指导评价体系的指标构建。由于社区负责人经济责任审计是以一定的外部、内部环境为前提的审计，社区所处的环境将对指标构建的基本假设、经济责任审计和范围、经济责任审计职能和目标起着决定性的作用，见图 8.3。

（1）社区负责人经济责任审计评价体系指标构建基本假设。

我国社区面临的环境较为复杂，所处的城市区域、管理的范围不同，导致社区内部管理水平差异较大，制定统一的评价标准，需要考虑环境差异可能导致的指标不适应性，一定的基本假设能够提高这些指标的普遍适应性，这些假设包括社区职能假设、社区管理水平假设和评估主体（审计机关）胜任能力假设。

```
                    ┌─────────────────┐
                    │ 社区负责人经济责任审计 │
                    │    环境（基础）    │
                    └─────────────────┘
           ┌────────────────┼────────────────┐
           ▼                ▼                ▼
  ┌─────────────┐  ┌─────────────┐  ┌─────────────┐
  │社区负责人经济责任│  │社区负责人经济责任│  │社区负责人经济责任审计│
  │审计评价指标体系构│  │审计范围和责任 │  │  职能和目标   │
  │建基本假设（前提）│  │             │  │             │
  └─────────────┘  └─────────────┘  └─────────────┘
           └────────────────┼────────────────┘
                            ▼
                  ┌─────────────────┐
                  │社区负责人经济责任审│
                  │计评价体系指标建立 │
                  └─────────────────┘
```

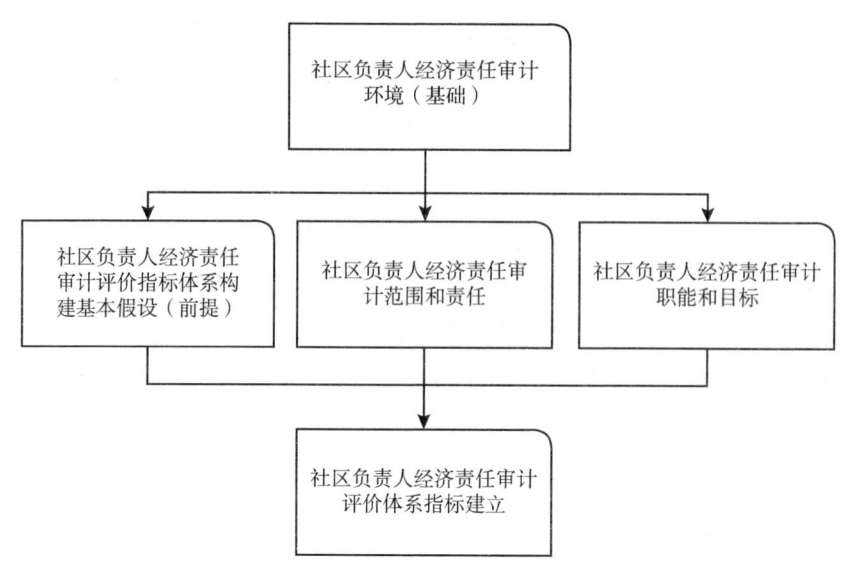

图 8.3　社区负责人经济责任审计评价基础理论各因素关系

（2）社区负责人经济责任审计范围和责任。

经济责任审计是我国审计制度的创新，经济责任审计包括财务责任审计和管理责任审计，范围拓展到经济决策、政策执行等领域。

（3）社区负责人经济责任审计的职能和目标。

职能定位将决定审计评价体系的目标和方法，能够为指标设计提供很好的思路。由于社区与街道办事处、乡镇等地方派出机构不同，社区应该在保证遵循街道办事处相关政策的前提下，实现社区职能，定位为促进社区发展、服务社区居民，而审计目标则是监督、评价并鉴证这些职能的实现。

2. 社区主要负责人经济责任审计评价指标体系构建

（1）评价指标体系建立的原则。

①科学性和效用性原则。任何一个科学、有效的评价指标体系必须建立在完善的指标选取和科学的评价方法基础上，避免评价体系因不同的使用者产生相异的评价结果。

②可比性原则。评价体系能够将不同性质的指标加以综合，整体反映社区主要负责人经济责任履行的实际情况，需要确定每个指标的权重，使得指标之间、评价结果之间具有可比性。

③可实现原则。在全面准确反映社区主要负责人经济责任履行状况下，尽可能选取代表性强、易于获得的指标，并构建相对简单的评价体系。

（2）评价指标的选取。

为了全面、客观评价社区主要负责人经济责任履行的实际情况，本节采用了定量指标和定性指标相结合的方式，在选取定量指标时参考了乡镇干部经济责任审计评价指标，由于社区主要位于城市及其近郊，与乡镇区别较大，因此，在充分听取审计机关、街道办事处、社区负责人意见基础上，建立三级指标体系，其中一级指标目标层为审计评价总目标，二级指标为中间层，三级指标为方案层。见表8.7。

表8.7　　　　　社区主要负责人经济责任审计评价指标体系

中间层	三级指标：方案层	判断标准	提供方式
社区发展B1	1. 社区居民人口数量C1	社区常住人口数量，百分制	社区统计
	2. 社区居委干部数量C2	社区居委干部数量，百分制	社区统计
	3. 社区日常事务或活动开展情况C3	日常活动数量、效果情况，百分制	街道办
财务责任B2	4. 国有资本保值增值率C4	期末净资产/期初净资产，百分制	审计人员
	5. 资产负债率C5	总资产/总负债，百分制	审计人员
	6. 财务收支真实性C6	收支真实、合法、有效性，百分制	审计人员
履行职责B3	7. 履行经济决策职责情况C7	决策科学、合理且程序合规性，百分制	审计人员
	8. 履行政策执行职责情况C8	财经、环保等政策执行情况，百分制	审计人员
	9. 社区重大工程项目管理情况C9	重大工程项目建设、运营情况，百分制	审计人员
管理监督B4	10. 社区内部控制制度健全C10	内部控制制度是否健全，百分制	审计人员
	11. 社区内部控制制度有效C11	内部控制制度是否有效执行，百分制	审计人员
	12. 民主监督、理财小组工作情况C12	小组是否有效开展工作，百分制	审计人员

续表

中间层	三级指标：方案层	判断标准	提供方式
廉洁自律 B5	13. 违纪违规资金情况 C13	是否存在截留、挪用资金等，百分制	审计人员
	14. 违规发放情况 C14	是否存在违规发放等，百分制	审计人员
	15. 个人廉洁自律情况 C15	个人占用、贪污等，百分制	审计人员

每个三级指标换算为百分制时，审计人员先确定社区负责人完成该指标的等级情况，优秀级基准值为95分，良好为85分，称职为75分，基本称职为65分，不称职为50分，并可根据完成该指标的成效上浮或下浮5分；但如果该指标存在一项问题，再根据社区负责人对该指标承担何种责任进行扣分，若承担领导责任扣2分，若承担主管责任扣5分，若承担直接责任扣10分；最后用基本分减去扣分得到每个三级指标的得分。

（3）评价方法的建立。

由于不同指标的重要程度存在差异，为了在综合评价时体现就需要确定不同指标的权重。确定权重有多种评价方法，如层次分析法、主成分分析法、因子分析法、德尔菲法，但主成分分析法、因子分析法需要计算贡献度以精简指标，较难综合评价结果；采用德尔菲法如果缺乏相关领域专家判断时主观成分较大，故本节采用层次分析法。该方法主要用于解决层级较多、难以量化的决策问题。

①层次分析法的步骤。第一步，同一层次的评价指标进行两两比较，利用萨蒂提出的1~9比率标度法，构造比较判断矩阵。第二步，计算判断矩阵的最大特征根及其所对应的特征向量，确定各层指标权重。第三步，对比较判断矩阵进行一致性检验，一致性比率 $CR = \dfrac{CI}{RI}$，当 $CR < 0.1$ 时，可以认为判断矩阵的不一致程度在允许范围内，其特征向量可以作为权向量。

②综合得分的计算。方案层15个指标最高分值100分，分别乘以其相对于中间层的权重再相加，得到中间层各个指标的得分。再用中间层各个指标得分分别乘以其相对于目标层的权重再相加，就可得到经济责任评价指标

综合得分。最后把综合得分分为五个等级：≥90 分为优秀，<90 且≥80 分为良好，<80 且≥70 分为称职，<70 且≥60 分为基本称职，≤60 分为不称职，就可评价社区负责人。

8.3.4 HN 省 CS 县 XS 街道 5 个社区实例

1. XS 街道 5 个社区经济责任审计概况

HN 省 CS 县审计局根据 CS 县人民政府办公室《关于下达 2014 年委托审计项目的通知》，组织 HNXX 会计师事务所有限公司对 XS 街道 FDL 社区、XC 社区、JML 社区、HB 社区、SY 社区 5 个社区党支部书记和社区主任 2012~2013 年的经济责任审计，并于 2015 年 10 月披露了这 5 个社区的经济责任审计报告，这种主动、完整地公开披露社区经济责任审计报告，实属罕见，同时也为本书的研究提供了分析契机，见表 8.8。

表 8.8　　　　　　　　XS 街道 5 个社区经济责任审计结果

审计报告	FDL 社区	HB 社区	SY 社区	XC 社区	JML 社区
一、基本情况					
社区基本情况	现有 21014 人。2013 年末资产 41.13 万元，负债 11.89 万元，所有者权益 29.24 万元，2012 年至 2013 年收入总计为 191.14 万元，支出总计 199.42 万元，收支相抵超支 8.28 万元	现有 3 万人。2013 年末资产 40.35 万元，负债 19.59 万元，所有者权益 20.76 万元，2012 年至 2013 年收入总计为 238.89 万元，支出总计 227.13 万元，收支相抵结余 11.76 万元	现有 4000 人。2013 年末资产 117.1 万元，负债 70.04 万元，所有者权益 47.06 万元，2012 年至 2013 年收入总计为 222.62 万元，支出总计 235.99 万元，收支相抵-13.7 万元	现有 3900 人。2013 年末资产 124.96 万元，负债 65.2 万元，所有者权益 59.76 万元，2012 年至 2013 年收入总计 242.7 万元，支出总计 224.98 万元，收支相抵结余 17.73 万元	现有 1.2 万人。2013 年末资产 231.41 万元，负债 14.51 万元，所有者权益 216.9 万元，2012 年至 2013 年收入总计 251.27 万元，支出总计 243.1 万元，收支相抵结余 8.17 万元

续表

审计报告	FDL 社区	HB 社区	SY 社区	XC 社区	JML 社区
二、经济责任履行情况					
(一) 履职和社区发展情况	较好	较好	较好	较好	较好
(二) 履行经济决策职责情况	违规发放补助 4.5 万元	违规发放误餐补助 3.8 万元	违规发放补助 17.3 万元	违规发放协调补助 11.5 万元	违规发放补助 2.43 万元
(三) 履行政策执行情况	公款旅游 8 万元，负领导责任	公款旅游 3.89 万元，负领导责任	违规发放春节物资 2.8 万元，负领导责任	公款旅游 8.19 万元，负领导责任	公款旅游 8.98 万元，负领导责任
(四) 履行管理监督职责情况	会议费列支餐费 8000 元	会议费列支餐费 2.3 万元	违规发放换届选举补助 3 万元	会议费列支餐费 2.55 万元	会议费列支餐费 1.5 万元，违规发放纪念品 1.2 万元
(五) 廉洁自律情况	发生烟酒支出 7.5 万元	发生烟酒支出 14.8 万元	发生烟酒支出 5.1 万元	发生烟酒支出 4.9 万元	发生烟酒支出 3.2 万元
三、上期审计披露问题的整改情况	大部分已整改，仍存公款旅游	大部分已整改，仍存公款旅游、大额现金支付	已整改	大部分已整改，仍存公款旅游、大额现金支付	大部分已整改，仍存公款旅游
四、总体评价意见	较好履职	较好履职	较好履职	较好履职	较好履职
五、审计建议	整改	整改	整改	整改	整改

为了加强对社区经济责任审计结果运用情况的监督管理，XS 街道办事处成立社区经济责任审计结果运用情况监督领导小组，先由各社区提出建议和整改落实，再由 XS 街道办事处组织有关组织进行监督检查和执纪问责，最后 XS 街道办事处指导社区居委会针对审计中的薄弱环节建立相应的社区制度。

2. XS 街道 5 个社区负责人经济责任审计评价案例

HN 省 CS 县审计局根据 CS 县人民政府办公室《关于下达 2014 年委托审计项目的通知》，组织 HNXX 会计师事务所有限公司对 XS 街道 FDL 社区、XC 社区、JML 社区、HB 社区、SY 社区 5 个社区党支部书记和社区主任 2012~2013 年的经济责任审计，并于 2015 年 10 月在网站上披露了这 5 个社区的经济责任审计报告，本节选取 2013 年进行社区负责人经济责任审计评价，先根据审计报告结果确定每个指标的得分，再计算各层次和各指标的权责，最后计算综合得分，其评价指标、权重、结果见表 8.9 和表 8.10。

表 8.9　　　　　2013 年社区负责人经济责任审计指标得分

三级指标	权重	FDL 社区	HB 社区	SY 社区	XC 社区	JML 社区
1. 社区居民人口数量 C1	0.324	95	98	85	87	90
2. 社区居委干部数量 C2	0.282	90	90	85	85	90
3. 社区日常事务或活动开展情况 C3	0.394	95	95	93	95	95
4. 国有资本保值增值率 C4	0.351	90	90	90	92	93
5. 资产负债率 C5	0.312	90	90	85	88	90
6. 财务收支真实性 C6	0.337	90	95	90	90	95
7. 履行经济决策职责情况 C7	0.337	95	95	95	95	96
8. 履行政策执行职责情况 C8	0.382	95	95	95	95	95
9. 社区重大工程项目管理情况 C9	0.281	90	95	90	95	95
10. 社区内部控制制度健全 C10	0.325	90	90	88	85	90
11. 社区内部控制制度有效 C11	0.374	88	88	85	85	90
12. 民主监督、理财小组工作情况 C12	0.301	85	87	85	85	85
13. 违纪违规资金情况 C13	0.365	90	90	90	90	90
14. 违规发放情况 C14	0.331	85	85	85	89	86
15. 个人廉洁自律情况 C15	0.304	90	90	90	90	90

表 8.10　　　　　　　2013 年社区负责人经济责任审计评价结果

二级指标	权重	FDL 社区	HB 社区	SY 社区	XC 社区	JML 社区
社区发展 B1	0.186	93.59	94.562	88.152	89.588	91.97
财务责任 B2	0.214	90.00	90.00	90.125	90.078	92.738
履行职责 B3	0.256	95.00	95.00	93.595	92.19	95.337
管理监督 B4	0.231	87.747	88.349	85.975	85.00	88.495
廉洁自律 B5	0.113	88.345	88.345	88.345	89.669	88.676
综合得分	1	91.24	91.56	89.49	89.31	91.82

在表 8.10 中，JML 社区、HB 社区、FDL 社区负责人经济责任审计评价为优秀，而 XC 社区、SY 社区负责人评价为良好。社区负责人在履行经济决策、政策执行、管理监督等职责较好，但都存在违规发放误餐、协调等补助、公款旅游等情况，负有一定的领导责任，特别是 XC 社区存在白条支付工程款现象。这说明 XS 街道 5 个社区负责人在任内较好地履行了其经济责任，评价结果可供街道办事处党委或干部部门作为考核依据。

8.4　审计覆盖率对社区审计效果的影响分析

社区作为城市社会管理的最基层单元，是自我管理、自我教育、自我服务的基层群众性组织。社区居委会基于居民自治原则对社区日常事务进行决策、管理，接受社区民主监督小组和街道办事处的监督，审计领域进一步扩大。从最初的社区财务收支审计，逐步扩展到社区经济责任审计、绩效审计、专项审计等各个方面。但由于社区数量如此之大，而当地审计力量不足，所以社区审计目前只能是抽查，审计覆盖率较低，离审计全覆盖的要求还差距较大。

2013 年时任审计长刘家义在全国审计工作会议上提出，要努力实现审计监督"全覆盖",依法使所有公共资金、国有资产、国有资源都在审计监督之下,不留盲区和死角。2014年李克强总理在听取审计署工作汇报时也强调审计全覆盖,切实看住管好公共资金。审计全覆盖被着重指出,那么,提高社区审计覆盖率能否推动社区审计效果的实现,这些问题值得我们深入思考和研究。

8.4.1 文献回顾

社区审计覆盖率即实施社区审计的概率,可以用审计调查的社区数占应审社区数的比例来表示。社区审计效果是审计产生的最终结果,表现为社区财务收支更加真实、更加合法和更加有效益。我国社区审计的覆盖程度较低,且对于大多数社区审计项目的审计覆盖率没有明文要求。关于审计覆盖率的研究国内外研究不多。易慧霞(2006)建立博弈模型,分析了我国高校经济责任审计中不同条件下审计覆盖率的选择及其影响因子。鲁桂花(2003)指出审计处罚强度与审计覆盖率之间存在替代关系,在审计资源既定的情况下,加大审计处罚力度可替代更为昂贵的更大范围的审计监督。

对于审计效果,国内外多用审计质量来替代(拉曼、威尔逊,1994;董延安,2008)。郑石桥(2012)指出审计频度通过预期路径和预防路径对审计效果发挥作用,推行审计权"四分离"的组织模式,即将审计立项权、审计查证权、审计审理权、审计执行权进行横向分割,具有解决信息不对称、权力分割和权力监督三种效果。此外,财政状况(郑石桥,2011)、政府干预(郑石桥、许莉,2011)、法制环境(陈希晖、陈燕,2013)对审计效果有显著影响。审计覆盖率低也是影响审计效果的一个重要原因,提高审计覆盖率能有效地提升审计效果(杨贺、郑石桥,2015;张梦娅,2016)。受此启发,试图探究社区审计覆盖率与社区审计效果之间是否具有相关性,进而为提升社区审计效果提出建议。

8.4.2 审计覆盖率影响社区审计效果的理论分析

1. 社区审计覆盖率与社区审计效果的博弈分析

根据审计的实际实施过程，审计机关与社区之间形成一种博弈关系。其中 B 为审计后的收益，C 为审计成本，如果审计机关进行社区审计，不管社区是否整改，其收益为 B－C。T 为整改成本，F 为惩罚金额，且假设 B＞C，F＞T。其博弈过程见表 8.11：

表 8.11　　　　社区审计覆盖率与社区审计效果的博弈分析

		审计机关	
		审计（p）	不审计（1－p）
社区	整改（q）	－T，B－C	－T，B
	不整改（1－q）	F，B－C	0，0

定义 p 为审计机关实施审计的概率，q 为社区选择整改的概率。根据混合策略纳什均衡的定义，均衡时，审计机关采取"审计"或"不审计"应该无差异，即 B－C＝B(1－q)，得出 q＝C/B。同样，社区选择"整改"或"不整改"也无差异，即 －pF＝－Tp－T(1－p)，求出 p＝T/F。因此，(1) 当审计成本上升时，即是说提高社区审计的覆盖率，此时社区整改的概率将上升，社区财务收支更加真实、更加合法、有效；(2) 当审计后审计收益较低时，加大审计处罚强度，此时社区整改的概率将上升。

2. 社区审计覆盖率与社区审计效果的理论分析

社区审计覆盖率与社区审计效果的理论框架如图 8.4 所示。

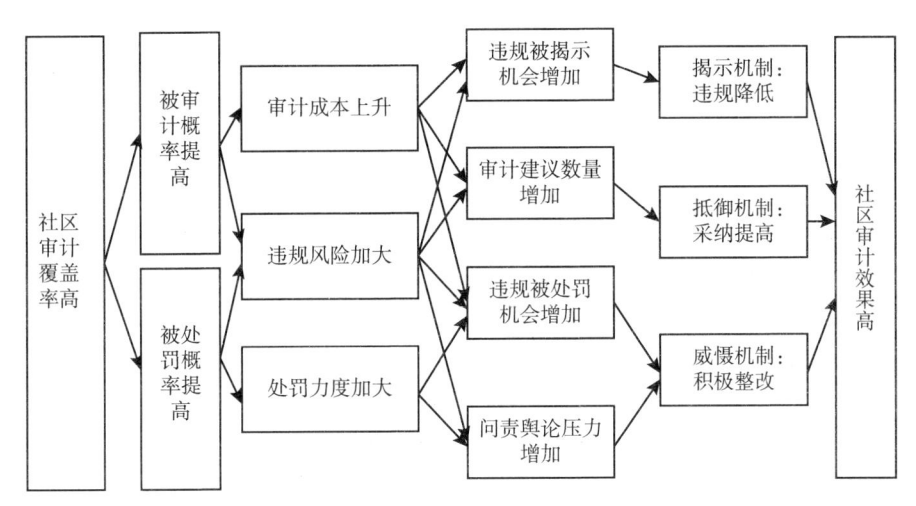

图8.4 社区审计覆盖率与社区审计效果的理论框架

根据理论框架，社区审计覆盖率与社区审计效果之间的作用机理如下：

（1）社区审计覆盖率的提高，被审计概率提高，有助于增强社区审计的揭示效应和抵御效应，进而抑制社区负责人的违规行为和机会主义行为，影响社区审计效果。如果社区审计覆盖率高，即社区负责人预期接受审计的概率高，其违规行为和机会主义行为被发现的概率提高，所提的审计建议数量也会增加，那么社区审计对社区负责人的揭示效应和抵御效应将会增强，社区负责人将约束其违规行为，降低违规程度，提高了社区审计效果。

（2）社区审计覆盖率的提高，被处罚概率提高，有助于增强社区审计的威慑效应，提高社区审计整改率和审计建议采纳率，影响审计效果。覆盖率的高低对审计结论的执行率和审计建议的采纳率也会产生一定影响，在较高的覆盖率下，若未及时、有效地整改，同一问题在近些年很可能被重复审计并被审计机关重点关注，并且处罚力度也将会更大，这些处罚、问责给社区负责人带来了一定的舆论压力，远期风险越大，越能促使社区负责人积极整改和接受建议，从而提升了社区审计效果。

8.4.3 审计覆盖率对社区审计效果的影响分析

1. HN 省 CS 县社区审计基本情况

位列 2017 年全国县域经济与基本竞争力百强县第七、中西部地区榜首的 HN 省 CS 县，村（社区）集体经济得到了较快发展，村级经济规模越来越大，村（社区）级平均收入更是接近 200 万元/年，村（社区）级财务管理已成为群众密切关注、政府高度重视的一项工作。

2008 年 10 月，HN 省 CS 县审计局创新工作模式，促推 CS 县政府出台《关于全面加强审计工作的通知》，形成政府审计当主导、内部审计为基础、社会审计作补充的社区审计模式。同时专门成立一个二级事业机构——审计监督局，配备 5 名工作人员，每年财政拨付专项审计工作经费 200 万元，专职负责社区审计工作，从而在制度层面、机构、人员和经费上为社区财务监督全覆盖提供了充分保障。2009 年起至今，按"两年审一次，一次审两年"的标准，对 297 个村（社区）已审计了四个轮回，查处了大量违规违纪资金和管理不规范资金，向纪委及相关主管部门移送案件线索 80 余起。

2. HN 省 CS 县社区审计覆盖率与社区审计效果的影响分析

HN 省 CS 县社区审计覆盖率与社区审计效果的影响效果情况见表 8.12。

表 8.12　　HN 省 CS 县社区审计覆盖率与社区审计效果情况

年份	社区审计数量	社区数量	审计覆盖率（%）	两年合计（%）	社区平均违规金额（元）	违规社区数量	违规率（%）	整改社区数量	整改率（%）
2009	112	278	40.29	87.05	118674	110	98.21	45	40.91
2010	130	278	46.76		95725	126	96.92	68	53.97

续表

年份	社区审计数量	社区数量	审计覆盖率（%）	两年合计（%）	社区平均违规金额（元）	违规社区数量	违规率（%）	整改社区数量	整改率（%）
2011	148	287	51.57	98.26	89359	132	89.19	79	59.85
2012	134	287	46.69		78172	118	88.06	98	83.05
2013	151	291	51.89	100	88352	128	84.77	121	94.53
2014	140	291	48.11		62194	114	81.43	109	95.61
2015	107	297	36.03	103.71	33827	83	77.57	80	96.39
2016	201	297	67.68		10123	136	67.66	135	99.26

注：数据由 CS 县审计局和街道办事处、社区网上公开资料和调研数据整理而成。

HN 省 CS 县由于乡镇撤销合并导致社区数量不断变化，但随着新型城镇化的推进，社区数量还会增加。CS 县审计局按照 CS 县政府的要求对社区实行"两年审一次，一次审两年"制度，两年实现社区审计全覆盖，但 2016 年涉及部分合并村审计与社区审计重叠，导致最近一轮覆盖率超过 100%。社区平均违规金额在下降，违规金额主要表现在：白条支付，大额现金支付，原始凭证不合规、不齐全，固定资产未及时入账和未提折旧，公款旅游，违规发放补助等。随着两年的社区审计全覆盖，社区违规率在下降，社区整改率在上升。

3. HN 省 CS 县社区审计覆盖率与社区审计效果的实证分析

为了探析社区审计覆盖率与社区审计效果之间的影响关系，建立回归模型，针对 HN 省 CS 县社区审计数据进行回归分析，结果见表 8.13。

表 8.13　社区审计效果与社区审计覆盖率之间的回归结果

项目	社区违规率回归模型		社区整改率回归模型	
常数	1.139***	6.282（0.01）	0.379***	5.375（0.01）
社区审计覆盖率	-0.585	-1.597（0.162）	0.824*	1.723（0.09）

续表

项目	社区违规率回归模型	社区整改率回归模型
调整 R^2	0.181	0.298
F 值	2.546	3.879

如表 8.13 所示，社区违规率与社区审计覆盖率之间没有通过显著性检验，而社区整改率与社区审计覆盖率之间通过了显著性检验。这说明：社区审计覆盖率没有影响社区违规率，但是却影响社区整改率，当社区审计覆盖率提高时，社区审计整改率也会提高。这与前人的结果一致，审计覆盖率低是影响审计效果的一个重要原因（杨贺、郑石桥，2015；张梦娅，2016），审计全覆盖有助于提高社区审计效果。

8.4.4 实证结论

随着社区审计的全覆盖，社区被审计的概率提高，同时社区被处罚的概率也在提高，有助于增强社区审计的揭示效应、威慑效应、抵御效应，进而抑制社区负责人的违规行为和机会主义行为，并且处罚力度也将会更大，这些处罚、问责给社区负责人带来了一定的舆论压力，远期风险越大，越发促使社区负责人积极整改和接受建议，从而提升了社区审计效果。在实行社区财务审计之前，社区白条支出占总支出的近 70%，通过近几年开展社区审计后，白条支出比例大大降低，社区负责人逐渐树立了依法依规办事的观念。

为此，有如下建议：

（1）审计全覆盖实现由社区财务收支审计逐步向社区负责人经济责任审计过渡。加快审计信息化建设步伐，建立被审计单位数据库、审计信息档案，强化审计发现问题的整改跟踪。

（2）加大社区审计处罚力度，提升社区审计威慑力。对镇（街）送达审计问题问责建议函，强化审计发现问题整改问责，完善纪委、监察、财政、民政、农办、审计等部门联合工作机制，促进建立健全社区干部监督约束机制。

(3) 创新社区审计组织方式，突出社区审计重点。社区审计组织实行"六统一，六确保"，统一审前业务培训，确保审计人员的业务素质；统一制订审计工作方案，确保审计重点和审计内容全面到位；统一组织审计进点会议，确保该项工作有序推进；统一进行工作督查，确保审计工作效率；统一指导答疑，确保审计政策的一致性；统一审计报告格式，确保审计公文的规范性和严肃性。

8.5 社区审计促进社区治理的效果分析

社区审计通过对社区财务收支及有关经济活动真实、合法和效益的监督，以及社区干部行使权力的制约和监督，从而对提高社区自治能力和推进社区党风廉政建设和反腐败工作起到良好的作用，促进社区治理能力的提高。

8.5.1 文献综述

许多文献研究国家治理与国家审计。刘家义（2012）认为，国家审计是国家治理中一个内生的具有预防、揭示和抵御功能的"免疫系统"。国家治理的目标决定了国家审计的方向（蔡春等，2012）。国家审计主要从监督责任、评价效率、提高透明性、促进民主法治四个方面推进国家治理（谭劲松、宋顺林，2012），财务审计重在维护国家治理系统稳定性，绩效审计旨在推动改进国家治理效力（李厚喜，2012），国家审计服务国家治理的实现机制包括揭示机制、威慑机制、预警机制、抵御机制、绩效评价机制（郑石桥等，2013）。

对于国家治理的微观基础—社区治理，社区绩效审计能够提供社区管理建议（郭赢政，2012），提高社区治理效率（盛良，2013）、政府审计能够促进乡村治理（陶其东，2013）。然而，有关社区治理和社区审计的机制还缺乏系统的研究，更没有经验数据的检验。

8.5.2 社区审计促进社区治理的理论分析与研究假设

1. 理论分析

我国社区按照《中华人民共和国居民委员会组织法》由社区全体有选举权的居民或每户派代表选举社区主要负责人，街道办事处对社区进行指导，目前社区经费投入主要以街道办拨付的公共财政资金为主，以社区居民服务收费、集体资产收益、社会各界的捐赠为辅。公共资金的管理意味着一种委托关系，需要进行审计，因而社区审计源于社区公共资金管理的委托代理关系。

在社区治理中，社区负责人对社区主要事项（除了少数重大事项提交社区居民大会或居民代表大会讨论外）进行决策、执行，就容易产生机会主义行为。在社区委托代理关系中，由于委托人（街道办事处和社区居民）与代理人（社区负责人）之间存在激励不相容和信息不对称，再加上环境不确定，代理人可能偏离甚至损害委托人的利益，即使没有机会主义动力，因为有限理性，无法确保其所有的决策和行动不出现次优甚至错误。因此，抑制社区负责人机会主义行为和次优行为是提高社区治理质量的主要路径，而社区审计恰恰可以抑制这些行为、提升社区治理质量，见图 8.5。

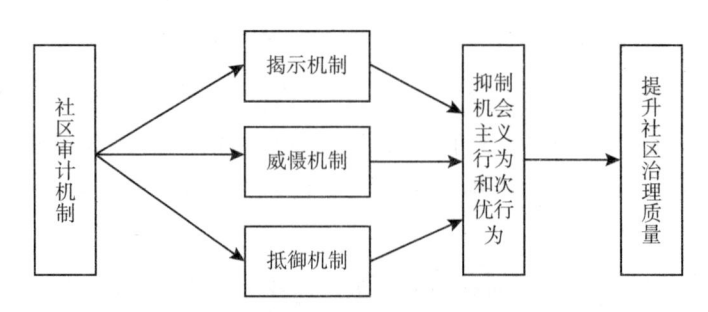

图 8.5　社区审计提升社区治理质量的机制框架

2. 研究假设

揭示机制是发现并报告社区负责人的机会主义行为。对社区负责人来说，发现其存在大量的违规违法问题，会使其意识到问题的严重性，加强其责任意识，影响其社会声誉，从而减少以后的机会主义行为。对街道办事处，发现社区负责人的机会主义行为，会促使其意识到指导风险和管理风险，从而加强监管减少机会主义的存在。对广大的社区居民，如果发现社区负责人的机会主义行为，可要求召开社区居民大会或居民代表大会罢免其资格。因而，揭示机会主义行为有助于降低揭示之后一段时间的机会主义行为严重程度，提出假设1：

假设1：社区审计揭示机制与社区治理质量显著正相关。

威慑机制是社区负责人出于对审计的敬畏主动放弃其机会主义行为。在利益驱动面前，仅靠发现和报告问题产生的声誉损失或道德约束是难以抑制各种违规违法问题发生的。在审计全覆盖的时代要求下，社区基本上每隔两年都会进行一次社区审计，不管是社区财务收支审计，还是社区负责人经济责任审计，提交的审计报告作为街道办事处以及其他部门奖惩的依据，处罚措施越严厉，审计的威慑作用越大，社区负责人更加敬畏，机会主义可能性越小。因而，威慑机制在社区审计抑制机会主义行为过程中极为关键，提出假设2：

假设2：社区审计威慑机制与社区治理质量显著正相关。

抵御机制是分析机会主义行为发生的原因并通过审计建议帮助社区改进治理结构，增加其抵御机会主义行为侵袭的能力。抵御机制在抑制机会主义行为的过程中偏重于治本，并发挥独特的作用。绝大多数社区在社区审计结束后，根据审计建议并针对社区的管理制度、内部控制等薄弱环节建立了各种具体制度，取得了良好的成效。因而，如果审计建议得到采纳，执行完善后的内部制度是可以发挥抵御效力的，提出假设3：

假设3：社区审计抵御机制与社区治理质量显著正相关。

8.5.3 社区审计促进社区治理的研究设计

1. 变量设计

根据上述的理论分析和研究假设,被解释变量是社区治理质量,解释变量是社区审计揭示机制、威慑机制和抵御机制。

(1) 被解释变量。

社区治理质量用评为"优秀社区"来替代。全国、各级省市每年开展"和谐社区建设示范社区""绿色社区""综合治理先进社区""创先争优示范社区"等优秀社区评选活动,如果一个社区获得这些称号,赋值为1,表明该社区的治理质量水平较高;否则为0。

(2) 解释变量。

社区审计揭示机制用审计报告中的违规金额(万元)来表示。违规金额越大,表明社区的违规程度越高,揭示力度越大。

社区审计威慑机制用审计报告中的应调账处理金额(万元)来表示。社区审计报告没有提到应上缴财政、应减少财政拨款或补贴、应归还原渠道资金以及移送司法、纪检处理事项,只说明应调账处理金额,该金额越大,表明威慑力度越大。

社区审计抵御机制用审计报告中的审计建议数量(条)来表示。审计建议越多,表明社区应完善或补缺的地方越多,加强抵御的力度越大。

(3) 控制变量。

由于每个社区的常住人口不一样,社区服务、管理的难度不一样,因而加入社区人口数量作为控制变量。同时每个社区的财务状况不一样,加入社区资产负债率指标作为控制变量。

2. 样本选择和数据收集

本节的样本选自2010~2016年HN省CS县XS街道办事处的15个建制

社区。HN省CS县人民政府发布《关于全面加强审计工作的通知》规定，提出"两年审一次，一次审两年，不留审计盲区"的全覆盖目标，各镇（街道）每年必须完成对所辖35%的村级（社区）财务的内部审计。有关数据来自网上公开的审计报告和实地调研。

如表8.14所示，XS街道办事处两年完成了社区审计全覆盖，开展方式包括政府委托审计项目和内部审计项目，开展内容包括社区财务收支审计、社区负责人经济责任审计。

表8.14　　　　XS街道15个社区2010～2016年社区审计情况

年度		政府委托审计		内部审计	小计
2010	5	JML社区、KYL社区、HB社区、SY社区、XC社区	1	BGY社区	6
2011	8	LTL社区、NJC社区、SXL社区、HJT社区、YMC社区、WXQ社区、DXC社区、GST社区	1	FDL社区	9
2012	5	JML社区、FDL社区、HB社区、SY社区、BGY社区	1	XC社区	6
2013	8	LTL社区、NJC社区、SXL社区、HJT社区、YMC社区、WXQ社区、DXC社区、GST社区	1	KYL社区	9
2014	5	JML社区、HB社区、FDL社区、XC社区、BGY社区	1	SY社区	6
2015	8	LTL社区、NJC社区、SXL社区、HJT社区、YMC社区、WXQ社区、GST社区、KYL社区	1	DXC社区	9
2016	5	HB社区、SY社区、XC社区、BGY社区、FDL社区	1	JML社区	6
合计	44	—	7	—	51

8.5.4 社区审计促进社区治理的实证分析

1. 描述统计

对有关变量的描述统计结果见表8.15。

表8.15　　　　　　　　　　描述统计结果

变量	均值	标准差	最小值	最大值
社区治理质量	0.1585	0.2154	0	1
社区审计揭示机制（万元）	7.468	3.274	2.5758	15.293
社区审计威慑机制（万元）	1.516	1.826	0	5.257
社区审计抵御机制（条）	2.971	0.793	2	5
社区总人口（万人）	1.718	0.636	0.389	3.752
社区资产负债率（％）	51.36	4.267	23.75	76.31

由表8.15可知，社区治理质量均值为0.1585，即优秀社区比例每年大约1%。社区审计结果显示社区每年违规金额在7.5万元左右，主要是违规发放补贴、慰问金、公款旅游等问题；需要社区调账处理金额大约1.5万元，主要是一些固定资产未入账、原始凭证不齐全、白条支付等问题，具有一定的揭示和威慑作用。同时每份审计报告平均提出3条审计建议。另外XS街道每个社区平均1.7万人，社区资产负债率均值为51.36%。

2. 实证检验

为了分析社区审计对社区治理质量的影响情况，建立回归模型进行分析，本节采用SPSS20.0软件。其结果见表8.16。

第8章 社区审计对社区治理的实证分析

表 8.16　　　　　　　　　社区审计机制与社区治理质量

当年	模型 1	模型 2	模型 3	模型 4
常数项	-53.5856***	-42.2835***	-32.9134***	-62.1648***
社区审计揭示机制	1.4658*	—	—	2.6587**
社区审计威慑机制	—	1.8312	—	1.9243
社区审计抵御机制	—	—	1.2570	1.3829
社区总人口	-2.4678	-1.3682	-1.0139	-2.8237
社区资产负债率	0.4674	0.5912	0.1174	0.6135
调整 R^2	0.2253	0.3756	0.3648	0.5759

由表 8.16 可知，不管是社区审计单个机制，还是社区审计三个机制共同作用，都只有社区审计揭示机制对提升社区治理质量有明显效果，通过了显著性检验，支持了假设 1，这说明揭示机制能够降低社区负责人机会主义行为和次优行为，提高社区治理质量。但是威慑机制和抵御机制都没有通过显著性检验，拒绝了假设 2 和假设 3。

揭示机制发挥了提升社区治理质量的作用，可能是因为社区负责人对于审计报告的对外公开产生了声誉影响，如果街道办事处据此作出纪律处分，更让社区负责人战战兢兢，促使其小心行事。而威慑机制和抵御机制没有发挥作用，可能因为，真正直接对社区治理质量发挥作用的是审计问题的整改以及社区治理体制、制度缺陷的完善，账务处理错误、白条支付只是调账处理，没有追究其有关责任；甚至对违规发放的补贴、慰问金、公款旅游也没有要求社区归还原渠道资金，威慑力度还不够；至于缺陷的制度也没有要求立即完善，审计建议没有得到妥善的解决，抵御力度也不足。

8.5.5　实证结论

社区审计是社区治理的基石和重要保障，社区审计能提升社区治理质量，已是广泛接受的共识。然而，经验结果检验显示，社区审计揭示机制能够提升社区治理质量，但是威慑机制和抵御机制未能对社区治理起到应有的影响。究其原因在于审计整改存在问题，违规问题处理较轻，威慑力度不够，审计建议没有得到严格执行，抵御功能不足。

审计整改是审计发挥治理作用的集中体现。对此，街道办事处应增强对审计成果运用的主体责任意识，成立社区审计结果运用情况监督领导小组，针对审计成果运用意识不强、整改落实机制不健全等问题，健全审计监督机制，规范审计结果运用，提高审计结果运用的效率和社区治理效果。

8.6 本章小结

基于 HN 省 CS 县 XS 街道社区审计的案例数据，本书进行了社区审计对社区治理的实证研究，主要结论如下：

（1）解决全覆盖下审计任务大与审计资源有限之间的矛盾，应推行社区审计"五分离"模式，将审计机关内部与具体审计业务密切相关的职责和权力划分为五个部分，五部分之间各司其职、相互监督制约、密切配合协作的运作机制和管理模式。通过把审计查证权外包给专业的中介机构，如会计师事务所和造价咨询公司，以及指导内部审计机构来实施，这些只外包查证权的实施路径既有助于缓解审计全覆盖影响社区审计的矛盾；弥补审计资源的不足和现有审计人员知识结构更新的冲突；又解决了中介机构和内审机构没有审计执行权的尴尬，社区审计的立项权、审理权、结果公开权、执行权都留在审计机关及职能部门，有助于保持政府审计的统一性和行政性。

（2）CS 县审计局基本实现了社区审计全覆盖。每年的社区审计立项数量由 CS 县审计局确定，按"两年审一次，一次审两年"的覆盖标准。社区审计查证工作全部由中介机构和内审机构实施，编制审计报告初稿，其中社区审计外包比例在 80% 左右，社区审计由街道办事处审计所或财政所实施内部审计的比例为 20% 左右，这样分离审计查证权并外包或委托内部审计的实施方式可大大缓解审计全覆盖与审计资源不足的矛盾。社区审计审理工作由县审计局实行,进行复核和补证,同时制定处理处罚决定文书。社区审计结果是否公开由县审计局领导班子决定,目前大部分社区审计报告都在网站公开了,但是处理处罚决定文书没有公开,直接送寄街道办和社区。社区审计执行工作由县审计局监督社区的整改工作。由此,CS 县审计局形成了政府审计当主导、内部审计为基础、社会审计作补充的社区审计模式。

(3) 审计全覆盖下逐渐扩大的审计任务与地方审计机关自身资源不足的矛盾日益加剧,而解决这一矛盾的重要路径是审计业务外包。CS 县审计局在政府审计业务外包方面走到了全国的前面,2009 年设立了审计监督局,专门负责管理和实施政府审计业务外包。2009~2017 年 CS 县审计局共审计 2919 个项目,其中地方审计机关自行审计 796 个审计项目,平均占比 27.27%;委托中介机构外包审计 1646 个项目,平均占比 56.39%;指导内审机构合作审计 477 个项目,平均占比 16.34%。实证发现,审计资产专用性与政府审计业务外包显著负相关,而审计主题与政府审计业务外包显著正相关。这意味着:对于专用性较低的审计项目由于其交易成本较低,及通用、共性的审计项目,如村级(社区)、居委会的财务收支审计、社区负责人经济责任审计等项目优先选择外包。

(4) HN 省 CS 县建立并完善了社区负责人经济责任审计评价指标体系。而且为每个指标都确定了权重,把社区负责人经济责任审计评价数据导入评价指标体系,可以计算出综合得分,且把综合得分为五个等级:≥90 分为优秀,<90 分且≥80 分为良好,<80 分且≥70 分为称职,<70 分且≥60 分为基本称职,≤60 分为不称职,这样就可评价社区负责人。JML 社区、HB 社区、FDL 社区负责人经济责任审计评价为优秀,而 XC 社区、SY 社区负责人评价为良好。社区负责人在履行经济决策、政策执行、管理监督等职责较好,但都存在违规发放误餐、协调等补助、公款旅游等情况,负有一定的领导责任,特别是 XC 社区存在白条支付工程款现象。这说明 XS 街道 5 个社区负责人在任内较好地履行了其经济责任,评价结果可供街道办事处党委或干部部门作为考核依据。

(5) 社区审计覆盖率与社区审计效果之间的作用机理如下:①社区审

计覆盖率的提高，被审计概率提高，有助于增强社区审计的揭示效应和抵御效应，进而抑制社区负责人的违规行为和机会主义行为，影响社区审计效果。如果社区审计覆盖率高，即社区负责人预期接受审计的概率高，其违规行为和机会主义行为被发现的概率提高，所提的审计建议数量也会增加，那么社区审计对社区负责人的揭示效应和抵御效应将会增强，社区负责人将约束其违规行为，降低违规程度，提高了社区审计效果。②社区审计覆盖率的提高，被处罚概率提高，有助于增强社区审计的威慑效应，提高社区审计整改率和审计建议采纳率，影响审计效果。覆盖率的高低对审计结论的执行率和审计建议的采纳率也会产生一定影响，在较高的覆盖率下，若未及时、有效地整改，同一问题在近些年很可能被重复审计并被审计机关重点关注，并且处罚力度也将会更大，这些处罚、问责给社区负责人带来了一定的舆论压力，远期风险越大，越能促使社区负责人积极整改和接受建议，从而提升了社区审计效果。实证结果表明：社区审计覆盖率没有影响社区违规率，但是却影响社区整改率，当社区审计覆盖率提高时，社区审计整改率也会提高。这与前人的研究结果一致，审计覆盖率低是影响审计效果的一个重要原因（杨贺、郑石桥，2015；张梦娅，2016），审计全覆盖有助于提高社区审计效果。

（6）社区审计能够在理论上通过揭示机制、威慑机制、抵御机制对社区治理发挥作用。但是实践中发现揭示机制发挥了提升社区治理质量的作用，可能是因为社区负责人对于审计报告的对外公开产生了声誉影响，如果街道办事处据此作出纪律处分，更让社区负责人战战兢兢，促使其小心行事。而威慑机制和抵御机制没有发挥作用，可能因为，真正直接对社区治理质量发挥作用的是审计问题的整改以及社区治理体制、制度缺陷的完善，账务处理错误、白条支付只是调账处理，没有追究其有关责任；甚至对违规发放的补贴、慰问金、公款旅游也没有要求社区归还原渠道资金，威慑力度还不够；至于缺陷的制度也没有要求立即完善，审计建议没有得到妥善的解决，抵御力度也不足。

第 9 章

结论及政策建议

9.1 主要结论

9.1.1 社区审计对社区治理的影响机理

1. 审计全覆盖下的社区审计

对社区审计来说,未来将实现社区审计领域全覆盖。由于社区主要经费来源于财政资金,围绕社区财政资金使用和公共权力运行,实现社区预算执行审计、经济责任审计、社区投资建设项目审计、社区资金审计以及财务收支审计等领域全覆盖。实现社区审计对象全覆盖。将依法属于社区审计监督对象范围的所有管理使用公共资金、国有资产、国有资源的社区部门以及社区主要领导人员纳入全覆盖范围,做到审计机关审计对象和部门内部审计对象全覆盖。实现社区审计时间过程全覆盖,至少对社区保证每 5 年实现一个轮回全覆盖。同时积极推动由社区主要责任人离任审计向社区负责人任期审计转变，并且由事后审计向事前、事中全过程审计转变，实现对社区领导干部应审职务全任期、公共资金运行全过程、项目建设全流程的审计全覆盖。

2. 社区审计对社区治理的影响机理

社区审计的本质功能在于保证和促进公共受托经济责任的全面有效履行，是促进社区治理进一步完善并保证其有效运行的重要工具，在此，以社区审计协助应对社区治理危机说明社区审计对社区治理的影响机理。（1）促进社区责任法制化。社区审计不仅对各个社区部门和各项具体经济活动的真实、合法和有效性进行审计，查错防弊，还要对发现的问题进一步追溯到干部个人。对存在问题者，无论是社区领导干部还是普通公职人员，社区审计都须依法查处；对依法行政者，社区审计则应解脱其对居民的责任。（2）促进社区运转高效化。社区作为社会自治机构，其最主要的经济责任就是保证其财政财务收支的真实、合法和效益性，通过社区审计监督可以很好地促使社区干部在社区事务的决策、执行等方面的科学性、经济性、效益性。从而进一步促进社区在法律法规和规章制度的执行与遵循性方面的规范化，提高社区全面的执行能力。（3）促进社区干部廉洁化。社区经济责任审计通过对社区领导人经济责任履行情况的审查，可以提高社区领导干部队伍的管理水平，进而加快廉洁社区的建成。（4）促进社区服务透明化。社区服务透明化，可以让社区及其所属干部接受监督，有利于维护人民群众的合法权益，吸收人民群众参与讨论和决定有关事项，强化民主监督。社区服务透明化是社区及其所属干部为保障广大居民的利益、接受社会公众的监督而依照规定必须将其自身的资金来源、使用情况、取得的效果、财务状况等信息和资料向社会公开或公告，以便使广大居民充分了解情况的机制。社区服务透明化作为社区及其所属干部的法定义务，其法理基础是社区及其所属干部所使用的公共资源来源于社区广大居民，应负有公共受托经济责任，应该接受广大居民的监督。

9.1.2 社区治理对社区审计的指引作用

1. 社区治理的目标

社区治理的核心是监控公共权力的阳光运行,促进公共资源合理有效配置,妥善处理或均衡各种利益主体的利益诉求,保证公共受托经济责任的全面有效履行。社区治理的目标是责任、高效、廉洁、透明。这就需要建立科学合理的社区治理结构和运用适当的社区治理机制。社区治理的方式包括:第一,以政府为主导,引导市场、社会共同参与社区治理,共同管理社区公共事务;第二,建立透明政府,保证社会及公民对社区信息的获取权和知情权;第三,建立高效政府,合理配置、管理、使用社区资源,提高社区绩效;第四,通过建立相互制约的监督机制、体制和制度,防止社区公共权力无限膨胀;第五,强调责任性,明确政府、市场、社区及居委会成员等各方的责任,使责权相匹配;第六,推动法治建设,任何人不得破坏或违反法律规范下的社区秩序。

2. 社区治理对社区审计具有较强的指引作用

(1)责任社区治理要求强化社区审计对公共受托经济责任的监督机制。(2)高效社区治理要求加快向社区绩效审计为中心的转变。(3)廉洁社区治理要求社区审计加强对社区权力的制约与监督。(4)透明社区治理要求社区审计结果公告。

9.1.3 审计全覆盖下社区审计的实施路径

1. 社区审计的实施路径

在社区治理过程中,参与的审计主体应是多元化的,即政府审计、内部审计和民间审计多者并存，各有侧重、相互补充，为完善社区治理提供多层次、全方位的监督和服务。在体制设计中，必须依法明确三类审计监督的侧重点，克服社区审计在服务社区治理中可能存在的多头抓、重审和漏审现象。其中，政府审计侧重于对社区财政资金、社区领导干部经济责任、社区全民所有制单位以及居民举报或委托事项进行审计监督和再监督，保证党和国家新型城镇化建设政策方针的贯彻落实，维护国家利益的同时优化社区治理外部环境。社区内部审计机构形成常态化、细致化监督机制，将监督和服务相结合，维护社区集体利益和广大居民权益，推进社区内部治理。社会审计机构作为重要补充，可以接受相关各方面的委托，依法开展内容更为广泛的审计业务及其他非审计业务。三类审计尽管职责不同、具体目标各异，但其总目标是一致的，都是致力于服务实现社区良好治理目标。

2. HN 省 CS 县社区审计实践

2008 年起至今，CS 县审计局按"两年审一次，一次审两年"的标准，已完成 693 个社区（村）审计项目（涉及 297 个村、社区），查处了大量违规违纪资金和管理不规范资金，向纪委及相关主管部门移送案件线索 60 余起。为此，CS 县财政每年拨付专项审计工作经费 200 万元，批准 CS 县审计局专门成立一个二级事业机构——审计监督局，配备 5 名工作人员，负责政府委托审计工作，从机构、人员和经费上给予充分保障。强化中介组织监管，通过整章建制、公开招标、抽查复审等多种方式加强对中介机构的监管，以提高审计质量和效率。在社区审计过程中实行"六统一，六确保"，统一审前业务培训，确保审计人员的业务素质；统一制订审计工作方案，确保审计重点和审计内容全面到位；统一组织审计进点会议，确保该项工作有序推进；统一进行工作督查，确保审计工作效率；统一指导答疑，确保审计政策的一致性；统一审计报告格式，确保审计公文的规范性和严肃性。社区审计实施中建立问题导向机制，强化审计整改。（1）针对社会中介机构无处理处罚权的情况，审计机关根据审计报告所反映的问题，对被审计单位出具审计整改通知书，并抄送主管部门依法依规给予处理、处罚。同时，建立被审计单位数据库、审计信息档案,强化审计发现问题的整改跟踪。(2)每年以综合报告形式向政府、纪委反映社区(村级)经济事项制度缺失问题和其他普遍性问题,并从机制体制上提出有针对性的审计建议。

9.1.4 社区审计对社区治理的实证结论

(1)解决全覆盖下审计任务大与审计资源有限之间的矛盾,应推行社区审计"五分离"模式,将审计机关内部与具体审计业务密切相关的职责和权力划分为五个部分,五部分之间各司其职、相互监督制约、密切配合协作的运作机制和管理模式。通过把审计查证权外包给专业的中介机构,如会计师事务所和造价咨询公司,以及指导内部审计机构来实施,这些只外包查证权的实施路径既有助于缓解审计全覆盖影响社区审计的矛盾;弥补审计资源的不足和现有审计人员知识结构更新的冲突;又解决了中介机构和内审机构没有审计执行权的尴尬,社区审计的立项权、审理权、结果公开权、执行权都留在审计机关及职能部门,有助于保持政府审计的统一性、行政性。

(2)CS县审计局基本实现了社区审计全覆盖。每年的社区审计立项数量由CS县审计局确定,按"两年审一次,一次审两年"的覆盖标准。社区审计查证工作全部由中介机构和内审机构实施,编制审计报告初稿,其中社区审计外包比例在80%左右,社区审计由街道办事处审计所或财政所实施内部审计的比例为20%左右,这样分离审计查证权并外包或委托内部审计的实施方式可大大缓解审计全覆盖与审计资源不足的矛盾。社区审计审理工作由县审计局实行,进行复核和补证,同时制定处理处罚决定文书。社区审计结果是否公开由县审计局领导班子决定,目前大部分社区审计报告都在网站公开了,但是处理处罚决定文书没有公开,直接送寄街道办和社区。社区审计执行工作由县审计局监督社区的整改工作。由此,CS县审计局形成了政府审计当主导、内部审计为基础、社会审计作补充的社区审计模式。

(3)审计全覆盖下逐渐扩大的审计任务与地方审计机关自身资源不足的矛盾日益加剧,而解决这一矛盾的重要路径是审计业务外包。CS县审计局在政府审计业务外包方面走到了全国的前面，2009年设立了审计监督局，专门负责管理和实施政府审计业务外包。2009~2017年CS县审计局共审计2919个项目，其中地方审计机关自行审计796个审计项目，平均占比27.27%；委托中介机构外包审计1646个项目，平均占比56.39%；指导内审机构合作审计477个项目，平均占比16.34%。实证发现，审计资产专用性与政府审计业务外包显著负相关，而审计主题与政府审计业务外包显著正相关。这意味着：对于专用性较低的审计项目由于其交易成本较低，及通用、共性的审计项目，如村级（社区）、居委会的财务收支审计、社区负责人经济责任审计等项目优先选择外包。

（4）HN省CS县建立并完善了社区负责人经济责任审计评价指标体系。而且为每个指标都确定了权重，把社区负责人经济责任审计评价数据导入评价指标体系，可以计算出综合得分，且把综合得分分为五个等级：≥90分为优秀，<90分且≥80分为良好，<80分且≥70分为称职，<70分且≥60分为基本称职，≤60分为不称职，这样就可评价社区负责人。JML社区、HB社区、FDL社区负责人经济责任审计评价为优秀，而XC社区、SY社区负责人评价为良好。社区负责人在履行经济决策、政策执行、管理监督等职责较好，但都存在违规发放误餐、协调等补助、公款旅游等情况，负有一定的领导责任，特别是XC社区存在白条支付工程款现象。这说明XS街道5个社区负责人在任内较好地履行了其经济责任，评价结果可供街道办事处党委或干部部门作为考核依据。

（5）社区审计覆盖率与社区审计效果之间的作用机理如下：①社区审计覆盖率的提高，被审计概率提高，有助于增强社区审计的揭示效应和抵御效应，进而抑制社区负责人的违规行为和机会主义行为，影响社区审计效果。如果社区审计覆盖率高，即社区负责人预期接受审计的概率高，其违规行为和机会主义行为被发现的概率提高，所提的审计建议数量也会增加，那么社区审计对社区负责人的揭示效应和抵御效应将会增强，社区负责人将约束其违规行为，降低违规程度，提高了社区审计效果。②社区审计覆盖率的提高，被处罚概率提高，有助于增强社区审计的威慑效应，提高社区审计整改率和审计建议采纳率,影响审计效果。覆盖率的高低对审计结论的执行率和审计建议的采纳率也会产生一定影响,在较高的覆盖率下,若未及时、有效地整改,同一问题在近些年很可能被重复审计并被审计机关重点关注,并且处罚力度也将会更大,这些处罚、问责给社区负责人带来了一定的舆论压力,远期风险越大,越发促使社区负责人积极整改和接受建议,从而提升了社区审计效果。实证结果表明:社区审计覆盖率没有影响社区违规率,但是却影响社区整改率,当社区审计覆盖率提高时,社区审计整改率也会提高。这与前人的研究结果一致,审计覆盖率低是影响审计效果的一个重要原因(杨贺、郑石桥,2015;张梦娅,2016),审计全覆盖有助于提高社区审计效果。

(6)社区审计能够在理论上通过揭示机制、威慑机制、抵御机制对社区治理发挥作用。但在实践中发现揭示机制发挥了提升社区治理质量的作用,可能是因为社区负责人对于审计报告的对外公开产生了声誉影响,如果街道办事处据此作出纪律处分,更让社区负责人战战兢兢,促使其小心行事。而威慑机制和抵御机制没有发挥作用,可能因为,真正直接对社区治理质量发挥作用的是审计问题的整改以及社区治理体制、制度缺陷的完善,账务处理错误、白条支付只是调账处理,没有追究其有关责任;甚至对违规发放的补贴、慰问金、公款旅游也没有要求社区归还原渠道资金,威慑力度还不够;至于缺陷的制度也没有要求立即完善,审计建议没有得到妥善的解决,抵御力度也不足。

9.2 政策建议

9.2.1 社区治理的政策建议

1. 建立社区治理创新体系

各地区基本建立主体多元、权责明确、协调有力、资源整合、共建共享、运行高效的社区治理体系，社区治理体制机制不断完善、能力水平不断提高，初步形成社区党组织为核心，社区居（村）委会为主导，社区居民群众为主体，社区各类服务机构、社区社会组织、驻社区单位和社区志愿者、社会工作者多元参与、共同治理的工作格局。社区党组织在社区治理中的领导核心作用得到巩固提高，基层政府与社区"两委"的权责关系依法理顺，社区减负增效取得明显成效，社区居（村）委会主导作用和自治功能明显增强，社会力量协同作用得到有效发挥，社区服务体系更加完善、社区治理主体职责权力清晰、依法治理氛围比较浓厚、居民群众满意度达到80%以上，基本实现政府治理与社会自我调节、居民自治有效衔接和良性互动。

2. 创新社区治理理念

创新社区治理理念，注重法制化引领、社会化参与、精细化服务、专业化发展和信息化支撑；创新社区治理结构，提升基层政府社区治理能力，充分发挥基层党组织领导核心作用、社区居（村）委会主导作用、社区社会组织载体作用、社会工作专业人才的骨干作用，推进多元共建，推进社区减负增效；创新社区治理机制，健全居（村）民自治机制，建立社区协商机制，建立社区、社会组织和社会工作专业人才联动机制，健全社区社会工作专业人才引领志愿者服务机制，建立多元合作机制，完善社区矛盾纠纷调解化解机制；创新社区服务，健全社区综合服务管理平台，推进社区公共服务综合信息平台建设，完善社区服务体系，建立健全政府购买社区服务制度。

3. 严格落实社区重大问题集体研究和分工负责的机制

严格落实集体议事制度。凡属人事变动、项目建设、重大经费开支等社区重大事项都要提交社区"两委"联席会集体研究、民主决策。凡涉及大多数居民切身利益的重大事项，都要提交社区居民代表会议审议。街政办负责牵头制定议事规则，社区要完善相应的议事规则和监督机制。建立分工负责的落实机制。社区每项工作都要责任到人，凡经集体研究的事项，"两委"成员要分工抓落实。社区主要负责人既要牵头抓总，又要督办推动。

建立财务支出"双签"负责制。凡5000元以上非常规性经费开支（集体资产经费开支额度由社区自定）都须提交社区"两委"联席会集体研究确定。每项支出都要手续完善，报销凭证要有书记、主任签字后核销，社区财务人员要按照这一要求做好结算。街道办事处将通过居账街建或居账街审的环节抓好监督落实，对违反规定的，将严肃查处。

4. 规范和完善社区日常工作制度

建立柔性的上下班制度。社区要抓好上下班制度的建立和落实，社区主要负责人要带头执行并负责督办，街道效能部门将加强监督。各社区要根据居民需求，制定节日值班、轮休和错时上下班制度。建立规范的会议学习制度：一是每周一次的社区干部骨干工作例会制度。二是每月一次的社区"两委"联席会制度。三是每两月一次的居民小组长协商会制度。四是每年不少于两次的居民代表会议制度。五是每季度不少于一次的社区工作人员集中学习制度。

建立完善网格管理制度。一是健全网格化组织管理机制，社区所有工作人员都必须纳入网格化管理，合理定岗定责，倡导根据网格建立党支部（党小组）。二是建立与网格管理相适应的社区和街道工作考勤、绩效考评制度，加强对网格员的教育培训，提升网格员素质。三是完善网格员上网下格、民情恳谈、网格日志等工作制度，规范网格事务统一受理、分级处理、办结反馈等工作流程，落实网格化信息平台安全管理和保密制度，确保信息安全。

5. 加强对社区居民小组长和居民代表的培育管理

强化居民小组长和居民代表的责任意识。一是街政办负责牵头制定社区居民小组长和居民代表职责，发挥他们的桥梁纽带作用、带头示范作用、参政议政作用。二是完善居民代表会议制度，探索小区、自然社"微自治"，完善社区自治自管体系。三是建立居民小组长和居民代表履职承诺机制，由街道办事处统一制定版本，先以部门社区为试点探索实行，成熟后再在全部社区逐步推行。

建立居民小组常态化管理机制。一是建立居民小组每月一次民情分析会制度，居民代表要及时客观反映选区民意，小组要汇总向居委会反映，社区挂片"两委"要负责抓好落实。二是加强教育培训，重点围绕社区自治的法规政策、履职能力、财经制度等方面内容进行培训，居民小组长的培训由街道负责，居民代表培训由社区落实。三是积极探索建立居民小组长和居民代表考评、激励制度，并纳入街道星级社区考评办法。这些方法先在试点社区先行，成熟后在全街道推广。

6. 不断提升社区服务水平

提升服务品质。一是提升社区服务效能，落实社区"首问负责制""同岗替代制""一次性告知制""马上就办，办就办好"等制度。二是创新服务理念，变主观式服务为需求式服务。通过引入专业化服务，运用信息化技术拓宽服务领域，提高服务质量。三是吸纳社区居民参与社区服务，有条件的社区通过建立社区服务项目合作平台、两岸志愿服务合作平台、宗亲民俗交流平台等，促进社区居民融合，拓展服务领域。

完善服务设施和办公用房的管理。一要加快社区服务中心的新建和完善，规范社区"一站式"服务大厅的设置和管理。加快公建设施和文化娱乐设施配套建设，切实解决居民出行、就医、安居、购物、生活上的难题。二要贯彻落实"八项规定"要求，按照"办公区域最小化、服务区域最大化"原则规划、使用社区办公服务用房，严禁攀比办公条件、追求奢靡之风。各社区要严格按照街道办事处制定的《社区服务中心规划建设和管理使用暂行办法》，对办公用房进行合理配置和使用，参照街道办公场所的面积参数，社区书记、主任可单设办公室，但使用面积不得超过 18 平方米，社区"两委"成员不准单设办公室，人均使用面积不得超过 9 平方米。

增强社区归属感。一是社区要因地制宜，通过社区书院的建设寻找社区核心价值，通过凝聚居民智慧打造社区精神，发扬居民社区共同体理念，引导居民共同缔造美好家园。二是培育新型社区文化，深化社区发展定位，通过开展"一社一品""典范社区"等系列创建活动，进一步打造社区文化特色品牌。

7. 探索和推进社区民主协商

推进"三社互动"。充分发挥社区、社会组织、社会工作在社区治理中的作用，形成以社区为平台、社区社会组织为依托、社工人才为骨干的"三社互动"运行机制。以个别社区为先行试点，取得经验后，在全街道逐步推广。一是加快培育社区社会组织。提升现有社会组织、培育新的社会组织。完善社区社会组织登记备案双轨制，引导社区组织参与社区治理和服务。二是提升社区志愿服务。充分发挥社区社工师作用，结合实际，通过购买专业社工机构服务等形式，建立"社区+志愿者"的模式，形成社会工作者引领、志愿者协助的服务格局。进一步做好志愿者的注册登记和志愿服务记录工作，提升志愿服务水平。三是加强社区党组织对社区老年协会等社会组织的领导，充分发挥他们在社会发展、社区自治和征地拆迁等社区工作的积极作用。

推进"三方联动"。一是建立联席会议制度，建立由社区党组织牵头，社区、业委会和物业三方共同参加的联席会议制度，制定议事规则，定期召开会议，确立服务居民共同理念，协调解决居民反映的诉求。以个别社区为试点，进一步完善议事规则和内容，并逐步在全街道进行推广。二是建立服务承诺制度，明确社区、业委会和物业结合各自职责，向群众公开服务承诺，定期向居民公告服务情况，改进服务方式和内容。三是建立民主协商制度，明确各方职责，规范业委会选举，凡涉及居民和三方的重大事项，社区要主动牵头，提前介入和把关。

建立"双社协同"运行机制。一是适应政府职能转变，提升社区和社工机构服务能力，探索形成社区和社工机构有效配合、社区服务和专业社工服务有效协同、社区社工和机构社工有效对接的社工服务项目运行机制，不断提升服务群众水平，形成特色的"双社协同"社会工作服务体系。二是以居民需求确定购买社工服务项目的内容，以财政投入确定购买项目的数量，以优先满足特殊困难群体作为购买服务的重点，逐步拓展购买服务的领域和范围。

建立社区居民、社会组织、辖区单位参与社区建设共治共享机制。通过搭台、牵线、扶助、培育、活动等方式促进多方融合；通过建立规章制度，为居民、社会组织等参与者提供保障和支撑；通过骨干带动、典型引领等方式，调动参与者积极性；通过区域化党建、社区发展理事会、共建理事会等平台，采取一协议一资源、一资源一项目的"双联制"结对共建模式，整合各类主体，形成工作合力。

8. 积极探索社区集体资产管理的有效途径

加强社区党组织对集体经济组织的领导。加强社区党组织对集体经济组织的政治领导和工作引导，通过监事会加强监管。社区党组织对社区集体经济组织重要岗位人选提名要把关，为集体资产的保值增值和安全提供保障。建立社区党组织统一领导，集体经济组织依法自主经营，重大事项民主决策的新型管理体制和运行机制。

加快推进集体资产改制。按照"分类指导、稳步推进"的原则，加快推动集体资产改制，做好清产核资、资产量化、股权设置、股权界定、资产管理机构设立等工作。完善各项规章，切实加强社区经济组织运行管理，进一步明确股民对集体资产的知情权、决策权和监督权。以个别社区为试点，探索社区集体资产的管理机制和股权的变更处理办法。采取以点带面、成熟推广的方式推进。

集体经济收入要留一定比例用于社区公共事务。集体资产收益要有一定比例用于社区公建设施配套、特殊困难群体救助、老人补贴、拥军优属、奖教奖学助学、公共安全、卫生保洁投入等社区公共事务，可以写入集体资产管理办法，也可以每年由社区居委会提出开支项目，提交股民会议审议后列入预算安排。要建立有效的监管制度，保证集体经济收益的合理使用。

9.2.2 社区审计的政策建议

1. 完善审计制度，推进社区干部经济责任审计监督全覆盖

在开展社区领导干部经济责任审计工作中，主动对接，寻找亮点，结合社区两委换届，积极与组织部门沟通，确定审计项目，全力推进社区领导干部经济责任审计监督全覆盖。一是着眼规范化建设，提升经济责任审计质量。各地出台《关于推进领导干部履行经济责任审计监督全覆盖实施办法》等文件，建立健全相关的制度规范。二是转变审计理念，突出审计重点。把经济责任审计内容与社区领导干部行使经济决策权、经济管理权、经济政策执行权的情况结合起来，加大审计查出问题揭示力度。三是梳理摸清审计对象。根据有关法律法规，对社区审计对象进行全面梳理，摸清审计对象底数，构建经责审计大数据库，实行审计对象分类管理。四是推进审计纵深，稳步开展村（社区）主要负责人审计，将村级经济作为经济责任审计的重头戏。五是加大整改力度，强化审计成果运用。及时跟进被审单位对审计查出的问题整改落实情况，切实发挥审计监督的作用。

2. 重视专业人才培养，提升审计工作效能

在思想观念、技术方法、组织方式等方面不断创新工作模式方法，高度重视社区审计专业人员后续教育培训工作，持续不断地组织计算机审计培训，有针对性地提高社区审计人员在大数据时代的基本技能，积极参加上级审计机关实施的审计项目。

3. 推进社区审计业务外包，加强对社区审计外包的监督

审计全覆盖下逐渐扩大的审计任务与地方审计机关自身资源不足的矛盾日益加剧，而解决这一矛盾的重要路径是审计业务外包。CS县审计局在政府审计业务外包方面走到了全国的前面，2009年设立了审计监督局，专门负责管理和实施政府审计业务外包。2009~2017年CS县审计局共审计2919个项目,其中地方审计机关自行审计796个审计项目,平均占比27.27%;委托中介机构外包审计1646个项目,平均占比56.39%;指导内审机构合作审计477个项目,平均占比16.34%。对于专用性较低的审计项目由于其交易成本较低,及通用、共性的审计项目,如村级(社区)、居委会的财务收支审计、社区负责人经济责任审计等项目优先选择外包。

为此:(1)地方审计机关应当实行审计立项权、审计查证权、审计审理权、结果公开权、审计执行权五分离模式,政府审计业务外包仅是把所耗人手较大的审计查证权外包,其他审计立项权、审理权、结果公开权、审计执行权仍在地方审计机关手中,仍然能够保证政府审计的独立性、专业性和权威性。同时单独设立审计外包监督局,加强对外包查证权的监督。

(2)对地方审计机关来说,政府审计业务外包应该主要考虑交易成本以及审计主题因素。如果对县级直属机构下面的二级机构,乡镇、街道办事处下面的卫生所、中小学以及社区进行审计,一般主要就财务收支、资产可靠性进行鉴证,交易成本就较低,越容易考虑外包;另外如果对政府会计准则、政府预算制度、政府内部控制制度等既定标准发表意见的,即针对通用、共性的发表意见,如(村级)社区、居委会的财务收支审计、主要负责人经济责任审计等,也容易外包。

4. 完善审计工作机制,强化审计整改力度

建立健全审计整改工作长效机制,完善《审计整改工作联席会议制度》《审计整改报告制度》《审计整改跟踪督查制度》三项制度。成立审计整改工作领导小组,具体负责审计整改工作制度的制定和落实。按照"分工负责、分类督办"的原则,完善好联席会议制度;按照"定期汇总、依法报告"的原则,落实好整改情况报告制度;按照"清单销号、限期整改"的原则,推进审计整改机制的规范化。

5. 助力善治社区建设,推进审计结果公开

积极助力善治社区建设推进政务公开,推行审计结果和整改情况公告制

度，推进政策执行和落实情况公开，深化审计结果公告及整改情况的公开，以公开推动审计发现问题的整改，促进重大政策措施有效落实。提请区县政府下发《审计机关审计结果公开暂行办法》，凡是符合公告条件的审计结果和被审计单位的整改结果，均应予以公告，充分发挥社会舆论的监督作用。对不宜向社会公开的，采用会议文件等形式，在一定范围内公布审计结果和审计整改情况。

6. 信息化创新措施，推动审计工作全面革新

建成社区审计数据中心，有效解决被审计单位的原始数据、加工处理的分析数据、审计结果数据和非结构化数据等各种类型及规模数据的存储和管理问题，同时支持大规模数据的高效加载和快速处理，满足多源异构数据的即时查询、联合查询和复杂关联查询。把工作重心调整到开展数据分析、服务领导决策、促进审计成果开发利用、培养数字化审计人才上来，积极构建"总体分析、系统研究、发现疑点、分散核实、精确定位"的数字化审计新方式。开展审计项目数据综合分析、历史数据多维度分析以及专题攻关和课题研究，改变以往数据分析工作过度依赖审计项目的局面，充分挖掘数据的潜能，拓宽数据分析思路，推进数据分析模式变革。

9.3 研究局限性

本书的研究局限性表现在：

（1）由于我国幅员辽阔，各地城市在社区的定位、职责认识不清，出现"强政府、弱社区"以及"强社区、弱政府"等不同模式，导致社区治理的目标、作用不同，社区审计发挥的效果不同，以后将在不同类型的社区中开展社区审计、社区治理的作用研究。

（2）各地审计局在当地人、财、物等资源的配置不同，导致社区审计在社区中的覆盖率不同、开展方式不同，取得效果也不尽相同，下一步研究

应将不同区县审计局的资源配置纳入分析因素，探讨社区审计的实施路径和作用效果。

（3）在实证分析方面，本书主要以 HN 省 CS 县为例实证分析社区审计，实证面窄、实证数据太少，下一步研究将扩大实证研究范围。

参 考 文 献

[1] 单卓然，黄亚平．"新型城镇化"概念内涵、目标内容、规划策略及认知误区解析 [J]．城市规划学刊，2013 (2)：16–22．

[2] 姚士谋，张平宇，余成，李广宇，王成新．中国新型城镇化理论与实践问题 [J]．地理科学，2014 (6)：641–647．

[3] 李东泉，蓝志勇．中国城市化进程中社区发展的思考 [J]．公共管理学报，2012 (1)．

[4] 周学馨，黄小梅．新型城镇化进程中城市社区治理研究 [J]．探索，2014 (2)．

[5] 闵学勤，黄灿彪．适度的社区自治及其路径选择——基于香港和内地社区治理模式的比较 [J]．河南师范大学学报：哲学社会科学版，2012 (2)．

[6] 花蕾，徐建邦．城市社区治理中的政府角色研究 [J]．东北财经大学学报，2008 (5)：46–49．

[7] 严志兰，邓伟志．中国城市社区治理面临的挑战与路径创新探析 [J]．上海行政学院学报，2014 (7)：40–48．

[8] 魏娜．我国城市社区治理模式：发展演变与制度创新 [J]．中国人民大学学报，2003 (1)．

[9] 王芳，李和中．城市社区治理模式的现实选择 [J]．中国行政管理，2008 (4)．

[10] 孙小逸，黄荣贵．制度能力与治理绩效——以上海社区为例 [J]．公共管理学报，2012 (10)．

[11] 刘家义. 论国家治理与国家审计 [J]. 中国社会科学, 2012 (6).

[12] 蔡春, 朱荣, 蔡利. 国家审计服务国家治理的理论分析与实现路径探讨——基于受托经济责任观的视角 [J]. 审计研究, 2012 (1): 6-11.

[13] 蔡春, 蔡利. 国家审计理论研究的新发展——基于国家治理视角的初步思考 [J]. 审计与经济研究, 2012 (3): 3-10.

[14] 李明辉, 刘笑霞. 政府审计在国家治理中的作用 [J] 政治学研究, 2013 (3): 35-50.

[15] 郭赢政. 社区经济责任审计问题及对策 [J]. 财会通讯, 2012 (10): 77-78.

[16] 盛良. 杭州市萧山区社区财务收支与服务绩效同步审计调查案例解析 [J]. 中国内部审计, 2013 (3): 55-57.

[17] 陶其东. 基于政府审计视角的乡村治理支持对策研究 [J]. 皖西学院学报, 2013 (6): 13-16.

[18] 张占斌. 新型城镇化的战略意义和改革难题 [J]. 国家行政学院学报, 2013 (1): 8-54.

[19] 李程骅. 科学发展观指导下的新型城镇化战略 [J]. 求是, 2012 (14): 35-37.

[20] 彭红碧, 杨峰. 新型城镇化道路的科学内涵 [J]. 理论探索, 2010 (4): 75-78.

[21] 王素斋. 新型城镇化科学发展的内涵、目标与路径 [J]. 理论月刊, 2013 (4): 165-168.

[22] 李程骅. 新型城镇化战略下的城市转型路径探讨 [J]. 南京社会科学, 2013 (2): 7-13.

[23] 倪鹏飞. 新型城镇化的基本模式、具体路径与推进对策 [J]. 江海学刊, 2013 (1): 87-94.

[24] 吴江, 申丽娟. 重庆新型城镇化路径选择影响因素的实证分析 [J]. 西南大学学报 (社会科学版), 2012 (2): 151-155.

[25] 杨爱梅. 大数据背景下的审计监督全覆盖 [J]. 审计月刊, 2015

(7)：13-14.

[26] 刘建平，杨磊．中国快速城镇化的风险与城市治理转型 [J]．中国行政管理，2014（4）：45-51.

[27] 徐薇．国家审计监督全覆盖的实现路径研究 [J]．审计研究，2015（4）：6-11.

[28] 戚振东，尹平．国家治理视角下的审计全覆盖：一个理论框架 [J]．学海，2015（6）：107-113.

[29] 霍明，张复宏，赵伟．基于 CAS 理论的社区治理系统演化研究 [J]．安徽农业科学，2016（2）：271-275.

[30] 曹惠民．基于耦合理论的城市基层社区治理研究 [J]．探索，2015（6）：93-98.

[31] 姜声智．区级审计机关推进审计监督全覆盖的思考 [J]．审计月刊，2015（4）：22-24.

[32] 付忠伟，黄翠竹．审计"全覆盖"的工作机制探析 [J]．审计研究，2015（3）：15-20.

[33] 刘静．审计结果公告的公民参与策略研究 [J]．审计研究，2015（2）：48-56.

[34] 徐勇．中国农村村民自治 [M]．华中师范大学出版社，1997.

[35] 徐勇．治理的阐释 [J]．政治学研究，1997（1）：63-67.

[36] 桂建平．乡镇审计 [M]．中国时代经济出版社，2002.

[37] 李健平．农村审计也应列入政府审计监督范围 [J]．江西审计与实务，2003（10）：25-28.

[38] 吴联生．利益协调与审计制度安排 [J]．审计研究，2003（5）：16-21.

[39] 刘徵．对村级集体经济组织审计模式的探讨 [J]．中国农业大学学报，2004（3）：28-31.

[40] 马子力．注册会计师行业发展若干问题初探 [J]．兰州教育学院学报，2004（4）：55-57.

[41] 秦荣生. 公共受托经济责任理论与我国政府审计改革 [J]. 审计研究, 2004 (6): 16-20.

[42] 贺雪峰. 乡村治理研究的三大主题 [J]. 社会科学战线, 2005 (1): 219-225.

[43] 孟祥霞, 李成艾. 乡镇审计创新模式研究 [J]. 农业经济, 2006 (7): 31-32.

[44] 王宝庆. 农村审计监督模式研究——以浙江农村为例 [J]. 会计之友, 2006 (7): 21-22.

[45] 易理中. 审计如何为建设社会主义新农村服务 [J]. 审计月刊, 2006 (11): 21-22.

[46] 赖海榕. 乡村治理的国际比较——德国、匈牙利和印度经验对中国的启示 [J]. 经济社会体制比较, 2006 (1): 93-99.

[47] 田茂祥. 论我国社会主义新农村建设资源的审计监督 [J]. 首届广西社会科学界学术年会优秀论文集, 2007: 258-264.

[48] 李永臣. 环境审计理论与实务研究 [J]. 化学工业出版社, 2007.

[49] 王金明. "三农"资金审计问题研究 [J]. 山西农业大学学报, 2007 (3): 241-243.

[50] 刘涛, 王震. 中国乡村治理中"国家—社会"的研究路径——新时期国家介入乡村治理的必要性分析 [J]. 中国农村观察, 2007 (5): 57-66.

[51] 宋夏云. 政府审计目标的理论分析及调查证据 [J]. 审计与经济研究, 2007 (6): 12-15.

[52] 李凤平, 宋常. 社会主义新农村建设的环境审计思考 [J]. 审计月刊, 2007 (8): 8-9.

[53] 张红卫, 李曙光. 效益审计: 涉农专项资金审计的必然选择 [J]. 河北科技大学学报, 2008 (2): 37-41.

[54] 孟祥霞. 我国农业审计的法律冲突及其协调 [J]. 审计与经济研究, 2008 (2): 27-30.

[55] 周薇薇,刘正午. 农村环境效益审计探讨 [J]. 审计与经济研究, 2008 (3): 47-51.

[56] 白日玲. 基层领导干部经济责任审计在建设社会主义新农村中的地位与作用 [J]. 审计研究, 2008 (3): 38-43.

[57] 孟祥霞,李成艾. 新农村建设中的农村审计机制现状分析及发展取向——基于浙江省农村审计的实地研究 [J]. 会计之友, 2008 (4): 38-40.

[58] 朱朝晖,陈建萍. 农村集体经济审计模式创新研究 [J]. 审计与经济研究, 2008 (6): 35-39.

[59] 廖义刚. 乡村社会、公共秩序与政府审计:从控制到治理 [J]. 当代财经, 2008 (9): 122-125.

[60] Recai Akyel & H. Omer Kose. Auditing and Governance: Importance of Citizen Participation and the Role of Supreme Audit Institutions to Enhance Democratic Governance [J]. Journal of Yasar University, 2013, 8 (32): 5495-5514.

[61] Beibei Tang. Deliberating Governance in Chinese Urban Communities [J]. The China Journal, 2015 (73): 84-107.

[62] Bourne, L. S. Housing Supply and Housing Market Behaviour in Residential Development, in Herbert, D. T. and Johnston, R. J. (eds) [J]. Social Areas in Cities, 1976 (5): 111-158.

[63] Clark, W. A. V. and Onaka, J. L. Life Cycle and Housing Adjustment as Explanations of Residential Mobility [J]. Urban Studies, 1983. Vol. 20, 47-57.

[64] Gans, H. J. Urbanism and Suburbanism as Ways of Life: A Re-evaluation of Definitions, in Callow [M]. American Urban History, 2nd ed. 1977, London: Oxford University Press, 507-521.

[65] Jackson, P. Urban Ethnography [J]. Progress in Human Geography, 1985. Vol. 9: 157-176.

后　　记

　　新型城镇化是现代化的必由之路，落实市、区、街道、社区的管理服务责任，实行审计全覆盖，健全城市基层治理机制，社区作为城市基层组织，其治理能力关系到国家整体治理能力的现代化。本书直面社区审计和社区治理中的现实困境，研究在审计全覆盖下如何开展社区审计，完善社区治理机制、提升基层社区治理能力，有鲜明的时代特色。

　　审计本质特征决定了其在治理体系中的地位。社区审计是社区治理体系中监督子系统的重要组成部分，社区审计从事一切活动，应服从和适应社区治理的总体要求，其所奉行的理念、应承担的责任、职能的定位等一切制度的安排选择、变革创新都应当以社区治理为核心。

　　社区审计是国家审计的微观基础，社区治理是国家治理的基层单元，二者都是基于公共受托经济责任的一种控制机制。社区审计是社区治理的工具，是社会政治制度的重要组成部分。我们认为，社区审计与社区治理是相伴相生、相互依存、相互促进的关系。审计作为确保受托责任履行的一种控制机制，已被各级政府和街道、社区所使用，特别是在审计全覆盖背景下，在社区财务收支、经济责任、服务绩效等方面开展审计，为明确社区职能定位、完善社区各项制度、健全社区服务体系发挥了重要作用。在新型城镇化背景下确保社区审计对社区治理的创新与重构，依然是严峻、急迫的任务。

　　在审计全覆盖下解决这些矛盾的有效路径是实行社区审计"五分离"的组织模式，并且仅把审计查证工作全部或部分委托给内审机构或外包给社会中介机构，既解决了审计人员不足的问题，又解决了内审机构或中介机构没有审计权限的问题。CS县审计局形成"政府审计当主导、内部审计为基础、社会审计作补充"的社区审计模式，改变了审计的横向权力配置，提高应对审计全覆盖的能力，值得我们学习和借鉴。为此，社区审计中还需要：

第一，整合审计人力资源。立足当前队伍，通过向上级审计机关选派学习和向同级政府部门、下级审计机关或基层街道、乡镇下派挂职锻炼，组织专门培训等多种方式，把好新进审计人员"入口关"，逐步改善现有审计队伍年龄、知识结构。

第二，有效整合社会资源。加强政府审计机关对社区内部审计的指导；加强对社会中介机构进行社区审计的管理，成立审计监督局，配备工作人员，每年财政拨付专项审计工作经费，专职负责政府审计外包管理工作，从而在制度层面、机构、人员和经费上为社区审计全覆盖提供充分保障。

第三，加大审计结果公告力度。实行审计结果公告制度，一方面能够增强政府工作的透明度，另一方面也对潜在或未被纳入审计范围的不法行为起到警示和震慑作用，收到"一家开方，多家吃药"的效果。

本书在写作过程中得到了国家社会科学基金（精准扶贫政策跟踪审计、政策执行效果及提升路径研究，17BZZ025）、重庆市社会科学规划项目（新型城镇化试点下社区审计对社区治理创新研究，2015PY48）、重庆市教委科学技术研究项目（审计全覆盖下城市社区审计对社区治理的影响机理与机制创新研究，KJ1600938）、重庆市教委人文社科基金（重庆社区经济责任审计对社区治理的作用分析与实施路径研究，17SKG145）、重庆市人文社科重点研究基地重庆理工大学财会研究与开发中心科研课题（重庆社区经济责任审计对社区治理的作用分析与实施路径研究，17ARC202）的资助。同时本书在出版过程中得到了重庆理工大学优秀学术著作出版基金的资助，在此表示感谢。另外本书还得到了重庆市会计领军（后备）人才第五期项目的支持，一同表示感谢！

石恒贵
2018年6月